アトツギが
日本の
未来を拓く

カナリア
コミュニケーションズ

目次

発刊にあたって

事業承継。今や日本の産業界での主要課題となっている。とりわけ長年日本の経済や社会を支えてきた歴史のある中小企業の経営者にとっては、最大の関心ごとの一つといっても過言ではない。事業承継の生々しい現場には、必ず事業を渡す側と引き継ぐ側が存在する。この本は、事業を引き継ぐ側、つまり「あとつぎ」に焦点を当てた具体的な現場の葛藤や苦労話も含めた、事業承継のやり方や秘訣をまとめた実体験集である。

ここ最近、企業の倒産や廃業の理由に「後継者がいない」というメディアの記載をよく目にする。後継者がいないということは、企業がその代で終わることを意味する。人口減少に歯止めがかからない日本において、企業も減少していく。特に地方の中小企業などは後継者がなかなか見つからない。企業が減少していくと、地域経済も縮小を余儀なくされる。こうした実情に危機感を募らせた政府も、この問題に取り組み始めた。中小企業庁では事業承継・引継ぎ支援センターなどを全国に設置して、外部人材の後継者マッチングを以前から行っている。この取り組みにより、各企業の新陳代謝を図りながら、地域経済の持続的発展を目指している。また、39歳以下のあとつぎ経営者の新規事業アイディアのピッチイベント「アトツギ甲子園」などを主催して、若手後継者の活躍を後押ししている。もちろん、企業価値が他社に評価されればM&Aという形で会社を売却するというゴールもある。大切なのは価値ある事業をいかに存続させることができるか、という点だ。今は事業承継には、さまざまな手法が存在し、画一的ではなく多様に選択していく時代といえる。

ブレインワークスは1993年の創業時から、企業支援を一つの主事業としてきた。長年の多くの社長との関係性の中、とりわけ、中小企業の実情や経営の課題解決に精通してきたつもりだ。本書は、そういう経験と視点から、日本の中小企業に明るい未来があることを切に願っている立場として発刊した本でもある。そして、日本の戦後からの奇跡的な繁栄は、中小企業なくしては成立しなかったことも、この機会に改めて多くの皆さんに知ってほしいと思う。

そういう意味で、まずは、日本の産業界や中小企業の世界の実情を戦後から簡単に振り返ってみる。

日本は戦後、高度経済成長を遂げ、世界第2位の経済大国に上りつめた国である。

この高度経済成長期には数多くの企業が生まれた。第一次ベビーブームの世代が創業した企業も多かった。当時は日本の人口ボーナス期にあたり、経済も右肩上がり。「今日より明日が悪くなるはずはない」という言葉の通り、日本の国力も伸び続けた時代だった。戦後復興から立ち上がった日本は、高度経済成長期を経て、突然大きな転換を迎えた。それが、今でも記憶に新しいバブル崩壊である。

バブル崩壊と重なって、日本の企業経営の環境も大きく変化した。ビジネスはグローバル展開を余儀なくされ、日本国内だけでなく世界の企業とどう向き合うかを試されるようになった。そして、ＩＴの普及によりビジネスの仕組みや構造が大きく変わりつつある今、少子高齢化の波も本格的に押し寄せており、世界有数の経済大国であった我が国にはすでに凋落の影が迫っている。

バブル経済が崩壊してからは〝失われた10年〟といわれ、それが20年と長引き、今では30年ともいわれ、長きに渡って低迷を続けている。そのような停滞が続く日本において、大きな問題として掲げられているのが、中小企業の事業承継である。

企業の淘汰も続き、30年前と比較しても日本を代表する企業の面々も大きく変わっている。まさにそんな大波が押し寄せている中で、事業をいかに継承するのかという命題に中小企業だけではなく、日本全体は向き合わなければならないわけだ。

バブル崩壊後に創業した私にとって、そこからの日本の経営環境については、当事者として実感がある。ずっと不透明で、不安定な出口のない構造的な不況に陥ったといわれてきた。たしかに、この出来事は、記憶という意味でも実際の経済や社会生活に対してのインパクトという意味でも大きな転換期であったと私も思う。

日本の高度経済成長期における絶好調の時代の経営の現実は、先輩社長からの話で知ることはできるが、自分自身が実体験をしたわけではない。私が体験してきた30年の経営環境は、マーケットが縮む経営環境であり、人口が増える時代とは違う。それと、成長著しいアジアの新興国での体験。新興国は共創を目指したい相手でもあるが、現実は競争が激しくなるばかりである。こういう目線で日本の現実を見ると、これからの経営はますます大変になると思わずにはいられない。

今やだれもが理解していることであるが、日本は人口が急激に減少している世界に先例がない先進国である。国内マーケットが縮小するのであるから、経済成長が簡単でないことは、経営者でなくてもわかる。そこに重なるように、日本の社長の高齢化問題がある。もちろん、激変する経営環境の要因は、顧客の減少だけでなく、生活者の意識の変化やDX社会の進展、新興国の台頭などいくつもある。VUCA（Volatility（変動性）、Uncertainty（不確実性）、Complexity（複雑性）、Ambiguity（曖昧性）という4つの言葉の頭文字をとった言葉）の時代といわれる所以である。

今まさに、新興国のベトナムなどの成長著しい国が人口ボーナス期の最中で、加速度的に経済成長を遂げていく過程にあるさまと比べてみたら、日本のハンディキャップは一目瞭然ではある。

これからも、日本の国内市場はどんどん小さくなっていく。しかしながら、かつて経済大国、世界でもトップランナーになった日本のような国の宿命といえるが、どうしても成長思考から脱却できない。経済規模、GDPを成長させるということを一義の目標とせざるを得ないようだ。必ずしも間違いとは言わないが、企業経営は大企業も中小企業も大変な転換の局面にあるのは間違いない。

これは別の言い方をすれば、今までの経済の仕組みが大きく変わっていく過程にあるといえる。企業淘汰の時代がしばらくは続くだろうし、ますます加速すると予測される。

事業承継の問題は、日本の社長の高齢化と相まっている。最近のデータでは日本の社長の平均年齢は60歳ぐらいである。これは経済産業省の統計データで確認でき、年々高くなっている。シニアが活躍する時代なので、まだまだ現役で通用する社長も多いが、今、事業承継をする平均年齢は67歳から70歳ぐらいという統計もある。

戦後、高度経済成長を支えてきた数多の中小企業の社長が旬の時期を過ぎて、多くの方が、引退の時期に差し掛かっているのである。戦後、日本の復興を目指し、貧困からの脱出を願い、たくさんの中小企業が生まれた。その中で大企業となっていった企業もある。いろんな意味で日本の経済は、世界からもリスペクトされるほどの目覚ましい急成長を遂げた。人口ボーナス期の到来やいくつかの特需があったとはいえ、ベースにはたくさんの中小企業の創業魂と想いと頑張りがあったことは疑う余地がない。日本人の底力がここにもあったように思う。

これからは、経済が昔のように成長するというのは、なかなか難しい。そんな中で、この数年特に産業界での大きなテーマが、中小企業の事業承継問題なのである。中小企業は経済構造の実情にあわせて適正な数になるという自然淘汰の考えもある。一方で中小企業が何も手が打てずに脆弱になってしまうと、日本の経済基盤の崩壊にもつながりかねないという危機感もある。

創業社長の間では周知のことであるが、元々企業は、30年寿命説というのがあった。実際に私も創業者仲間とも何度も酒の場で話題にしてきた。創業時は30年続けるなど、とんでもなく未知の世界でもあるのだ。今でもこの説はまことしやかに語られているが、感覚的には、この30年説というのは、だんだん短くなっているというのが実感だ。ネットで調べてみても、今は20年説というのもある。

一方で、日本は創業100年を超える企業が世界の中で一番多い国でもある。30年寿命説の中で、企業を100年以上も継続的に存続させていくのは並大抵ではないだろう。

創業者が会社を立ち上げて一代で100年続くことは不可能で、何らかの事業承継が行われてきたということである。それぞれの企業の歴史の中に優れたあとつぎがいたということになる。あとつぎが事業を後世に紡いでいるのである。

そして、続いてきたということは、跡を継ぐという重大な局面や幾多の苦難を乗り越えて成功してきた証でもある。自らの経営判断のミスによる経営危機もあれば、リーマン・

ショック、コロナ禍など、経営者としてはどうしようもない不可抗力的な出来事もあっただろう。

経済や社会が大きく変化する中でいかに会社を存続させるか。事業を継続させるか。これは大変難しい課題だ。

こういうプロセスと結果の中にも、日本が未来に向けて伝承し大事にしていくべき中小企業の強みがあると考える。

あとつぎには実に色々なパターンがあるし多様である。中小企業の一社一社に創業者の想いがあり苦労があり、そして激変する経営環境にもまれてきた結果生み出された年輪のような組織的ＤＮＡもある。だからこそ、あとつぎと一言では言い表せないのが本当のところである。一般的に、事業承継は、親族内承継、従業員承継、第三者承継の３つに区分される。とはいえ、典型的な事例というのはある。いくつかの事業承継のパターンをあげてみる。

多くの人が、あとつぎと聞いて、すぐに思いつくのが、次のパターンだろう。

創業者が立ち上げた会社を初めて誰かに引き継ぐ。これが、一番シンプルな象徴的で印象的な事業承継ということになる。

ここ最近までは典型的な事業承継のパターンは創業者の子供たちが跡を継ぐというものが多かった。団塊の世代の創業者のあとつぎなどが代表的である。

子供が若い頃は、創業者から帝王学を学び、現場で経験を積む。そんな中で時期が来れば事業を承継させ、それを何代も繰り返している企業も少なくない。しかし、現代においてはこの事業承継のやり方が通じないケースが多く発生している。

中小企業や零細企業の場合、経営の過酷さを知る子供たちが後を継ぎたくないという意思表示を示す場合も増えている。逆に創業者自身が子供に跡を継がせたくないと考えるケースも多いだろう。そうなると、事業承継は創業者の親族以外で行うほかない。社員や役員からの抜擢を考えることも一つの方法だ。しかし、その場合も課題は山積されている。緩和されつつあるとはいえ、相続の問題、企業の銀行負債などの継承をどうするのかなど、さまざまある。

今後増えていくだろう事業承継のパターンの一つとして、創業者からではなくて、あとつぎからの引き継ぎがある。2代目や3代目からの引き継ぎである。こうなってくると、創業者から引き継ぐこととはまた全然色合いが違う。リレーと似たようなイメージで、代々渡ってきたバトンをどれだけ上手に渡せるかという感覚に近いと思う。

一般的に創業者から引き継いだ後の経営のやり方というのは、どちらかというと、安定飛行の思考になることが多い。創業者というのは、やはり、アントレプレナーシップの持ち主で、チャレンジャーが多い。一方で事業を引き継いでいく中では必ずしもそういうことが必要にならないということもある。

事業承継を別の角度から考察してみる。今や成長著しい新産業としても話題であるM&Aを経営者は理解しておく必要がある。どこかの大企業や中堅企業が中小企業を買うというのが典型的なM&Aである。こういったことが10年以上前から日本で盛んになってきて、M&A業界という新しい業界ができるほどビジネスとしても活況を呈している。

統計的に見ると、今後10年の期間で、後継者がまだ見つからない中小企業の数は何十万社あるといわれている。その解決を単純に、企業の売買を仲介するビジネスライク的なやり方、こういう世界に委ねていくだけでいいのかという懸念もある。

いずれにしても、やはり事業承継にはあとつぎとしての相当な苦難とドラマがある。

人間模様というか、似たような承継のパターンもあるが、やはり一つずつ個性があって、なかなか涙なくしては語れないというような事業承継が多いのが私の実感である。

今回、日頃からご縁がありこの本の趣旨に賛同してくださった、10社のアトツギ経営者の方にご登場いただいた。実際に出来上がった文章を読んで、改めてあとつぎの立場の現実の葛藤と奥深さが染みてくる。継続することはとても難しいのである。

そういう意味では今回の10名の経営者の方々も、あとつぎとして、継承を実践する中で、さまざまなダイナミックな取り組みをされているなというのが実感である。今の時代、イノベーションという言葉は、経営の現場では話題の中心でもある。変革するとか、何か劇的に変えるという印象がある。後継者にバトンを渡していく過程というのはまさしく、イノベーションの起点であり源泉になるような、そういう大きな取り組みであると私は思っている。

このあとつぎの方々と接している中で、創業者の私とはやっぱり決定的な違いを再認識することがある。

私が創業して数年後の今から25年ほど前。大きな会社の神戸の支店長だった人と仲良くなった。その彼と飲みながらの会話は今でも脳裏に焼き付いている。

彼は創業者ではないが、支店長として組織をマネジメントしている。創業者との違いとして、彼はこう言った。

「私には、強将入陣が必要だった。強い将軍が陣に入るというふうに書くんですけどね」

これは彼が考えた言葉かどうかわからないが、私はこの言葉をずっと自分の経営の羅針盤にしてきた。当然、創業者の雇用責任は重い。ただ、創業時は特に自分の好きな人を雇用しているということもおおむね正しい。ところが一方で、この支店長とかそういう立場の人は、基本的に自分がそこに着任して責任を担ったときにすでに色々な社員がいるわけである。好きも嫌いもないのである。

責任者が強い将軍にならないといけない。そういう感覚は、きっとすでにある組織に後から入るとわかるのだろう。強い意志も必要だろう。創業者は自分が嫌いな人は無理に社員にしないし、そういう人がいたら辞めれば良いと思っているところは正直ある。後から、すでに人が集まっている組織の責任者で着任することは難しい、重いなと感じたことを、今でも組織マネジメントを考えるときに思い出す。やはり、古参社員との軋轢などさまざまなところで、あとつぎの方はご苦労されているというのが実感だ。

社長のタイプという話を最後にしたい。私は事業を創造したタイプなので、0から1をつくるのが好きだとか強いとか、そういう話題に巻き込まれることがある。一方で、いわゆる雇われ社長のポジション、例えば大企業であるとか、そういう方々は、1から100にするのが得意だという。

私は、こういうのは、日本人だけじゃないが、よくあるレッテル貼りだと思っている。結局、何でもそうだが、例外もある。例えば創業者でも0から1も好きだけど、1から100にできる人もいる。一方で、大企業とか中小企業のあとつぎの経営者でも、0から1も得意である人もいる。

だから、常に経営をするということは実に多様であるという考え方で、中小企業を応援する人も接していった方が良いと思う。つまり、あとつぎの中にも本当に創業社長を上回るぐらいアグレッシブで、起業家精神に富んだ人はたくさんいるのである。

だからそういうことも含めて、創業者だからとか、あとつぎだからと区別するのではなく、全く垣根を壊して、色々な人が混ざり合うことから、これからの日本の中小企業を基盤としたダイナミズムが、再度生まれてくると思っている。そういうことが新陳代謝となって、企業単位ではなく、経済全体がしなるように、もっともっと日本の底力を世界に向けて貢献できるような時代が来ることを願う次第である。

第1弾ということで、こんなことも願って今回は10名の方にご登場いただいた。今後は、日本の明るい未来のために、定期的に発刊しようと考えている。

２０２４年7月　近藤　昇

「真壁づくり」と共に歩んだ自分らしい経営

小山工建株式会社
代表取締役
日当瀬 賢

「真壁＝Japanese Standard」

住めば住むほど味わいの深まる本物の木の家を、お客様にコスパ良く提案して、快適な生活を提供できるよう活動中。

仲間と共に自身の生活体験を魅力として発信し、「真壁づくり」を通じて、地域社会の活性化と人々のより良い生活環境を構築することが夢であり、人生の目的。

笑顔で楽しい家庭が日本中、そして世界中に溢れるよう、伝統を科学し続ける。

故郷鹿児島で伝統的な木造住宅の普及へ

柔らかな光が差し込み、やさしい木の匂いが漂うぬくもりのある室内。木の勾配天井に、吹き抜けのリビング、肌触りの良い無垢材の床、そして白い壁に家を支える木の柱が組み込まれたデザインがどこか懐かしい雰囲気の家――。

ここは、新築木造住宅を手がける小山工建の鹿児島県鹿児島市のモデルハウス。壁面の柱や梁を隠さずそのまま見せる「真壁づくり」の工法を取り入れた木造住宅が小山工建の特徴だ。真壁づくりは日本の昔ながらの建築工法。木の柱や梁が露出したデザインは、空間に重厚感やあたたかみ、レトロな風合いを生み出す。また、柱や梁が空気に触れて呼吸できるため、調湿効果で乾燥を防ぎ、結露やカビなども抑えて耐久性を高めることができる。近年は、壁面で柱や梁が見えないように囲む「大壁づくり」が主流だが、日本古来の建築工法である真壁づくりは根強い人気がある。日当瀬社長も「自然素材の国産ヒノキや無垢材を使った真壁づくりの家は、五感を通じて安らぎや癒しを与えてくれるんです」と自信をみせる。

日当瀬社長は小山工建の2代目「あとつぎ」社長。「地元鹿児島の風土や相場に合った家づくりがしたい」との思いで、実家に戻り、木造住宅を強みとした全国組織に加盟することで現在の事業を確立した。鹿児島を拠点に、コストが膨らみがちな真壁づくりの住宅を手の届く価格帯で供給している。

自ら選んだ建築の道

小山工建は日当瀬社長の父親が1978年に設立。日当瀬社長の叔父が経営していた建設会社の支店として立ち上がった。5年後に、小山工建の前身となる小山工業として独立。地元密着の工務店として、公共、民間問わず、幅広く新築、改修工事などを手がけて成長してきた。会社の事務所や作業場が自宅敷地内にあったため、日当瀬社長は、常に建材や工具に囲まれ、毎日大工が行き来する姿を見て育った。物心ついた頃から建築業は生活の一部となっていた。小さい頃はたまに「家を継いでね」と父親が口にするのを聞いたが、中学生に上がる頃には耳にすることもなくなった。おかげで、あとつぎの立場にありながらも、家業を継がなくてはいけないというプレッシャーを感じたことはまったくなかった。

ただ、高校卒業後の進路は自然と「建築」の道を選んでいた。地元を出てみたいという気持ちもあり、上京して東京工業専門学校に進学した。

専門学校は2年制。入学して勉強を始めたと思ったら、すぐに就職活動が始まった。当時は就職氷河期。入学早々、専門学校卒業では希望する企業への就職が難しいことがわかった。すると、すぐに大学受験を決断。「専門学校から最も距離が近くて、午後5時に専門学校が終わってからでも授業に間に合う」という理由で青山学院大学経営学部の夜間部を受験、見事合格した。普通ならどちらか一本の道に絞りたくなるものだが、日当瀬社長は、日中は専門学校生、夕方からは大学生の「二足の草鞋」を履く生活をスタートさせた。

専門学校と大学の両立は大変だったが、新たに経営分野を学ぶのは刺激的だった。また夜間部には、学生から社会人まで老若男女幅広いバックグラウンドの学生が集まるのも魅力的だった。あっという間に1年が過ぎ去り、専門学校の卒業が近づくと、次に日当瀬社長が選んだのは、また掛け持ちの生活。工務店の求人に応募し、内定をもらったのだ。その後3年は、大学生と工務店社員の二刀流となった。

日中は工務店の社員として現場に出る生活が始まった。当時は、港区六本木の複合施設、六本木ヒルズの工事期間中で、日当瀬社長の入った工務店もここの施工に携わっていた。昼は六本木の現場、夜はニッカポッカでそのまま表参道の大学に通う生活を3年間続けた。夕方から始まる夜間部は1日あたりの授業数が少なく、4年間で卒業するのが難しいとされているが、日当瀬社長は4年生に上がるころにはストレートで卒業できるめどが立った。そこで、本格的な就職活動を始めた。大手の建設会社や不動産企業に入って現場経験を積みたいと考え、就職活動を進めたところ、有名マンションブランドを持つ大手ディベロッパーに内定した。専門学校を1年、専門学校と大学の両立を1年、大学と社会人の両立を3年の計5年間を経て、新卒で大手マンションディベロッパーの大京へ入社。東京中心に、神奈川、千葉などの担当になった。

晴れて入社した東証一部上場（当時）の大手企業だったが、実は、バブル崩壊後の過剰債務で経営危機に陥っていた。入社前からそのことは知っていたが、実際に働き出してみると、社内は経営大転換の真っ最中で、全社員が総出で働き、休みは一切ない状況だった。毎日、朝イチで出発して、日付が変わってから会社の寮に帰り着く生活。あまりの激務に「会社の寮に入っているのに、会社が気を利かせて、活動拠点の近くにマンションの部屋を借りてくれていた」というほど、働き詰めの日々が続いた。

会社が慌ただしい時期だったこともあり、見よう見まねで先輩の手法を覚えながら必死に実践した。そんなとき、普段は別の持ち場で働いている現場監督や設計を担当する建築士の社員に営業現場で知り合う機会ができた。彼らも週末返上で、営業業務に入って販売支援をしていた。そこで、彼らがお客様と話す姿を観察すると、営業担当の先輩の接客トークとはまるで違った。マンションの構造や仕様について技術的な説明も加えながら、細かく的確に情報を伝えていた。「現場や技術、専門分野に詳しいと、言葉の重みが違う」と感じた。実際に、営業専門ではないにも関わらず、彼らが接客にあたったマンションはよく売れていた。

このとき、昔からぼんやりと抱いていた1級建築士の資格を取得したいという思いが確信になった。専門学校時代に、建築に関わる資格は色々と取得していたが、建築士の資格の最高峰である1級建築士は漠然といつか取れたら、という気持ちに留まっていた。1級建築士は、取り扱える建物の面積・高さに制限なく、大規模なビルや商業施設などの設計、工事監理などの業務ができる国家資格。取得すれば仕事の幅も広がることから、受験を決断。朝から晩まで、週末もほとんど休みなく働いたので、しばらく勉強に専念しても暮らしていけるだけの資金も貯まっていた。馬車馬のように働いたマンションディベロッパーを退職した。

1級建築士を取得。戸建て住宅の建築士に

退職後は1級建築士の試験に備えるべく、資格学校に入学。勉強だけに打ち込んだおかげで初挑戦で合格した。1級建築士になり、次は自分で建物を設計したいという夢ができて、すぐに就職活動を開始した。設計の中でも「最初から最後まで自分で一つの建物の図面が描ける仕事につきたい」と考え、チーム仕事の多いマンションではなく、建築士1人で完結することが多い一戸建てが専門の住宅メーカーを目指した。前職時代、お客様からも人気の高かった大手財閥系グループの中途採用の選考を受けて、新築住宅メーカーの住友林業に採用が決まった。

入社後は、鹿児島支店に配属となった。地元に戻るのは約7年ぶり。鹿児島市内の総合住宅展示場に常駐し、まずは一般のお客様向けに戸建て住宅の営業を担当した。総合住宅展示場には住宅メーカー各社の担当者が常駐していたが、1級建築士の資格を保有する営業マンは日当瀬社長ただ1人。技術的な知識の裏付けのある営業は、販売現場で優位に働いた。まず、1級建築士と入った名刺を渡すと、お客様が信頼してくれる。前職時代の経験も生きて、入社直後からとんとん拍子に受注が決まった。

すると次第に「自分で受注した物件は自分で図面を描いて」と言われるようになった。1級建築士を取得してから初めて、設計に関わるチャンスが訪れた。社内は営業、設計、生産の3つの部署に分かれており、日当瀬社長は、自身が営業に携わった物件については設計まで横断して担当することもあった。担当者としてお客様との打ち合わせを開始。要望を聞き取って間取りを図面に落とし込み、複数回の打ち合わせを通じて細かい修正を重ねていく。そして内装、外装デザイン、設備機器の仕様や、駐車場、外構などの詳細を決定。図面が確定したら、工事に必要な建築確認申請などの書類を提出。その後、業者の手配などを進め、工事着工に移るといった手順になる。だいたい1年弱で住宅1軒が完成するという流れだ。
完成した図面を見せると多くのお客様が感動してくれた。「お客様の希望を聞き出して机上で形にする。見えない思いを、図面に変換する作業がこの仕事で最も楽しい」と感じた。チャンスも与えられ、どんどん仕事にのめり込んだ。メーカー時代は多くの物件に携わったが、今でも一軒一軒全て覚えている。自分が設計した住宅には、少なくとも年1回は顔を出すと決めており、今でもライフワークとして続けている。長いお客様はもう20年ほどのお付き合いになる。

大手住宅メーカーの社員として、自分で受注した家を自ら設計する。好きなことを仕事にして、順風満帆な会社員生活を送っていた。そんなとき、地元の同級生から「家を建ててほしい」と依頼を受けた。いつものように間取り提案と見積もりを作成したところ「高すぎる」と言われた。同級生は鹿児島でも名の知れた企業に勤める会社員。日当瀬社長は思いもよらない反応に驚いた。聞けば、地元の優良企業に勤める同級生をしても、日当瀬社長が勤める大手住宅メーカーの価格水準ではローンを組んで購入するのが難しいとのことだった。このとき改めて、目の前にいるお客様と住宅価格について考えるきっかけとなった。家は多くの人にとって一生に一回の大きな買い物。「地元、鹿児島の平均的な所得の人たちの手に届く価額で、地元に根差した住宅をつくりたい」という思いが膨らんだ。ただ、全国展開する今の住宅メーカーでこの思いを実現するのは難しい。勤め先には何の不満もなかったが、地元の人が負担にならないような価格で地元の風土に合った戸建て住宅をつくるという次の目標が見つかったところで、実家の小山工建に入社することに決めた。住宅設計の面白さを教えてくれた大手住宅メーカーに恩義を感じつつ、退職した。

現場経験を携え実家の小山工建に入社

わざわざ実家が工務店をやっているのに1人で起業する必要はないという理由で、ごく自然に実家に戻った。実家の小山工建なら、新たな許可や免許などを取得する必要もなく、すぐに建設業務を開始できる。父親も実家に戻ってきた日当瀬社長を、自然な流れで受け入れた。相談を受けていた同級生の家は、実家の小山工建で建築した。メーカー時代も戸建て住宅の営業から設計までを手掛けていたが、資材や業者の手配、作業管理など、一から十まで全て自分でやるのは初めて。現場の人間がいて1軒の家が建つことを改めて実感した。実家は公共工事やリフォームなども扱っていたが、日当瀬社長は、同級生の住宅を皮切りに、個人から新築住宅の受注増を目指した。前職時代は、一般的な住宅には必ず標準仕様が定められていて、どの家も結局、同じようなかたちに集約されるのが面白くないと考えていた。独立したら「お客様の希望を聞いて釘一本までこだわりたい。お客様の思いをそのまま建物に表そう」と意気込んでいた。

ただ実際に取り組んでみると、壁に突き当たった。お客様の要望を一から叶えた住宅は毎回タイプが違いすぎて、手間がかかるうえ一貫性や特徴が出ない。結果、小山工建に頼めばこういう家をつくってくれるという特色が生まれず、会社の強みが打ち出せない。お客様の希望をひたすら聞くだけで「何でも屋」のようになり、常に「この家は自分じゃなくてもつくれるのではないか」という思いがつきまとう。自分や会社の存在意義を見出せず、負のサイクルに陥った。数字も伸び悩み、入社から4年ほどは新築住宅の受注はほとんど伸びなかった。良かれと思って取り組んだ顧客第一主義だったが「お客様に寄り添い過ぎると、商売にならない」と痛感した。

不運にも同じ頃、世界金融危機の「リーマン・ショック」が重なった。不況の煽りを受けて、公共工事も大幅な減少が続いていた。経営状況が著しく悪化したことで、やむを得ず役員報酬を大幅減額する事態にも陥った。地元の小さなリフォーム工事などをこなして何とか事業をつなぎつつ、経営戦略を練り直した。この先、小さい工務店一社でやっていくのは限界があると次の展開を模索する中で、さらに追い打ちをかけるように発生したのが2011年3月の東日本大震災だった。日当瀬社長も「この時はとどめを刺された感じだった」と振り返る。鹿児島は地震による直接的な被害はなかったものの、震災後、被災地の復旧・復興工事が増加したことに伴って、鹿児島の現場には建築材料がほとんど入ってこなくなった。たまに入荷しても大手が押さえている状況で、田舎の小さい工務店には回ってこなかった。仕事にならなくなった。

木造住宅事業の一本化を決断

ここで、経営転換を決断した。かねて検討していた「大手住宅グループのフランチャイズに加盟して事業展開する」という気持ちが固まった。一社ではできないこともグループなら実現できる。工務店が大手住宅グループの加盟社となれば、スケールメリットが生まれ、課題としていた仕入れや営業宣伝ノウハウなどの面でメリットを享受できる。日当瀬社長は、新築住宅のボランタリーチェーン企業を調べ上げ、勉強会や説明会にもたびたび足を運んだ。最終的に、家づくりへの理念や思い、経営方針、そして日本の伝統工法である真壁づくりの木造住宅という商品コンセプトや価額に共感したサイエンスホームに加盟を決めた。実家に戻ってからは事業方針をめぐって父親と衝突することも多かったが、このときは日当瀬社長が出した結論を受け入れてくれた。そして、サイエンスホームに加盟するタイミングで小山工建の事業を新築住宅の一本に集約。事業内容も事務所の場所も変え、父親から完全に仕事を引き継いだ。

2012年にグループ加盟後は、目にみえて仕事の数が増えていった。フランチャイズの加盟社になると、安定的に必要量の建築資材や設備を仕入れることができるほか、本部一括でグループの仕入れ作業を行うため、大幅なコスト削減が可能になる。お客様に提示する住宅の販売価格を下げる余地が生まれ、価格競争力が高まった。そして何より、真壁づくりの木造住宅という自社の特徴が明確になったことで、自信を持って小山工建が手がける住宅の特色を打ち出せるようになった。独立直後は、お客様のニーズにひたすら応え続けた時代もあったが、現在は「真壁づくりの木の家に住みたいと思う人に選んでもらえばいい」と、迷いがなくなった。

建築士としての考え方にも変化が出た。独立直後

は、顧客第一主義でお客様自身の思いやこだわりをひたすら図面にすることに重きを置いていたが、プロの建築士の視点や経験に基づく助言もきっちり伝えるようにした。例えば、独立直後は面白みがないと感じていた標準仕様。初心に立ち返ってさまざまな物件を研究すると、標準仕様の住宅は建築士やメーカーが検討を重ねて、機能面でも価格面でも多くの人が快適に暮らせるよう理に適った合理的なつくりになっている。あまり細かくアレンジを加えない方が長く愛される家になるケースも多い。「それぞれのお客様のライフスタイルや好みに合わせ、長く、快適な生活を送ってもらうためにどのような家が良いのか」を大きな視点で考え、建築士として客観的なアドバイスをするよう心掛けた。すると、事業も軌道に乗り出し、仕事が面白くなってきた。受注件数も伸びて、売上高も増加。業務効率化も進んだことで、経常利益も毎年10%を超えるようになった。

伝統の「真壁づくり」を日本のスタンダードに

今後は「初めて見たときから、直感的にかっこいいと感じた『真壁づくり』の魅力をもっと広めていきたい」と目標を据える。神社や寺院など古くからの建築物に採用されていた真壁づくり。施工が難しく、手間もかかるため、戦後は大量供給に適した大壁づくりが主流になったが、最近はその耐久性や資産価値に加え、懐かしさと新しさが共存するレトロモダンな雰囲気に人気が高まっていることから、真壁づくりにも追い風だとみている。また、業界全体としては大手住宅メーカーが、環境配慮などの観点から改めて木造住宅に注力する動きが出てきている。日当瀬社長も「大手を巻き込みながら、木造住宅、そして真壁づくりを日本の住宅のスタンダードにしたい」と力を込める。

日本は人口減少に伴い、中長期的に住宅市場の縮小が予想されている。日当瀬社長は「大手は全体市場が少なくなれば自社の棟数の増減に直結するが、小さい工務店は市場規模の縮小はあまり影響ない。特徴をしっかり打ち出せばシェアを伸ばすことは可能」と言い切る。経営縮小により社員がゼロになった時期もあったが、近年は受注が好調なことから仲間が増えてきている。ただ、無理な経営拡大は考えていない。地域に根ざした工務店として、品質を第一に、施工管理レベルや作業効率の向上を進めた先の結果として、年間施工棟数を積み上げていければと考えている。そのためにも、真壁の工法に対応できる施工技術を持ち、家づくりに対して同じ思いや熱量を共有できる職人や社員の輪を着実に広げていくつもりだ。

専門学校、大学、工務店、マンションディベロッパー、資格学校、そして大手住宅メーカーと、唯一無二のキャリアを築いてきた日当瀬社長。その都度、選択と決断をしながら、建築を軸にした経験を積み重ねてきた。家業のあとつぎの立場にありながらも「家を継げと言われなかったので、自分らしい道を歩んで来られた」と先代の父親には感謝している。結果的に、自分で自分の道を選んだという事実がやる気とプライドになり、実家を引き継ぐ原動力となった。後継者となってからは、小山工建を地元の工事を幅広く請負う総合型の工務店から、真壁づくりに特化した木造住宅専門の工務店へと転換。「大きな決断だったが、これまでの人生の決める習慣が役立っ

た」と思い返す。これまでに培った決断力を武器に、今後も「笑顔で楽しむ」の精神を守りながら新しい発想と情熱で小山工建を進化させていく。

既成概念に捉われず、農業を「経営」

おかもと梨園
代表

岡本 明大

高校卒業後、陸上自衛隊に入隊。施設重機・物流関係業務につく。その後（株）ブリヂストンに入社、生産設備・計測設備の保守開発を担当。2011 年、家業のおかもと梨園を継承し現在に至る。今は、水稲、アスパラガス、日本梨、洋ナシを中心に生産。

那須塩原で100年以上続く農家

東京圏から150キロメートルほど離れた栃木県の北東部に位置する大田原市。東北新幹線の停車駅や皇室の御用邸もある那須塩原市に隣接し、西部は那珂川と箒川に囲まれた那須野ヶ原の扇状地、東部には美しい山並みが広がる自然豊かなこの土地で、100年以上続く農園を経営しているのが、おかもと梨園の岡本明大代表だ。農業とはまったく異なる分野で身につけたスキルや視点を生かして、既成概念に捉われず、新たな技術や発想を柔軟に取り入れて農業経営に挑んでいる。

エアコンの入った作業場、整然とした納屋。新しい自動計量器に運搬車両。おかもと梨園に来た多くの人が「工場みたい!」と驚く。岡本代表は、農作業中もスマホとブルートゥースのイヤホンを愛用。農機の爆音を避ける耳栓がわりに使いながら、水田の真ん中で取引先からの電話にも対応する。自分や従業員が心地良く、効率的に仕事をするために、業界の慣例や既成概念は取り払って良いものは取り入れる、これが岡本代表のやり方。自分でやってみて無駄だと感じた作業は、まず改善できないかやってみる。想定とは違った結果が出ることもあるが、それでも一度やって得た結果なら納得する。自然が相手で、変動要因の多い農業において、ＰＤＣＡ（計画・実行・評価・改善）サイクルを体現している。

おかもと梨園はお米と梨、アスパラガスを生産している専業農家。約７００アールの耕作面積を有している。水稲栽培では、コシヒカリなどを年間30トン超生産。飲食店やホテルなどの業者向けにも直接販売している。梨園は、広さ約１１０アールの園地を保有。甘くて柔らかな食感の「幸水」、酸味豊かでシャキシャキした歯応えの「豊水」など人気品種を中心に、比較的新しい品種の「あきづき」や「南水」、そして栃木県生まれで味が濃くとにかく大きな「にっこり」など9種類の日本梨を年間15トンほど生産している。日本では希少な西洋梨を手掛けているのもおかもと梨園の特徴だ。濃厚な甘味と滑らかで柔らかい食感が人気の西洋梨「ル・レクチェ」は国内で生産している農家が少なく、市場でも高値で取引をされている作物の一つ。おかもと梨園でも、贈答用など特別感のある果物として人気を集めている。岡本代表の代で新たに参入したアスパラガスも順調に出荷量を増やしている。

岡本代表は4代目の「あとつぎ」代表。岡本代表の住む那須野ヶ原は、日本最大級の扇状地帯で、明治政府が進める殖産興業政策として開拓が進められた地域。岡本代表の曽祖父も大正時代に開拓事業のため那須野に入植した。日本三代疏水の一つである那須疎水の開拓が進み、農業用水を確保したことで、おかもと梨園の農家としての系譜は始まった。第二次世界大戦前にあたる祖父の代で、近くに工場があった日本たばこ公社（現日本たばこ産業）向けの葉タバコの生産を開始。戦後はタバコの消費量が減少したことを受け、水稲栽培に着手した。岡本代表の父親に代替わりした1980年代には、減反政策による米価の下落を受け、梨の栽培など施設果樹園を始めた。

岡本代表は、東日本大震災直後の2011年4月に家業に入る。30代前半で家に戻るまで、農業とはまったく異なる道を歩んだ。長男として岡本家に生まれて、物心ついたころからいつかは自分が後を継ぐイメージは持っていたが「30歳くらいまでに入ればいい」と焦りはなかった。

異端の農業経営を裏付けるキャリア

地元の農業高校卒業後、最初に選んだキャリアは「陸上自衛隊」だった。自衛隊に興味を持ったのは、岡本代表が高校2年生の1998年に発生した那須の大水害がきっかけ。生まれ育った地元が大きな被害を受ける中、助けてくれたのが自衛隊員だった。この時に自衛隊という世界を知った。成績もそれなりに良く、卒業後は農業系の大学に推薦入学する選択肢もあったが、農業大学にこのまま進学するのは高校の延長線上でつまらない。せっかくならまったく別の世界を見てみたいとの思いが膨らんだ。自立して一定の収入を得ながら、新しいスキルが身につき、さらに地元とは別の環境で生活ができる職業。合致したのが、自衛隊だった。

2001年に陸上自衛隊に入隊した。勤務地の希望を出すことができたため「任務上の資格を取得するチャンスが多い」と聞いた、新潟県上越市の高田駐屯地を初任地に選んだ。自衛隊は任務に直結する幅広いスキルが必要とされ、陸上自衛隊も車両、無線、電気、測量、建築などといった実務分野で資格を取得しながらキャリアを重ねていく。

高田駐屯地で、岡本代表は施設科「戦闘工兵」という任務についた。戦闘工兵は、戦闘時に前線部隊に対して主に土木建築技術面の支援を行う。高度な技術と専門的知識が求められる任務だが、岡本代表は、持ち前の機械操作のセンスと探究心でどんどん頭角を現した。生粋の車好きで機械回りに強いうえ、農業高校時代に機械系の資格を取得していた素養も認められ、特別教育を受けるメンバーにも選ばれた。農業高校出身の岡本代表にとって、工学系は新しい領域だったが、「機械稼働率をあげるための理論や手法、油圧など工学系の基礎になる知識を全て教えてもらった。当時学んだことが、人生に大きく影響した」と話す。自衛隊入隊後は、先輩から勧められたことや目の前の面白そうなことにどんどん取り組んだ。自衛隊は体力に加え、精神面の強さも求められるが「郷に入っては郷に従え」で何とかなったと振り返る。

学びも多く、順調だった自衛隊勤務だが、3年目に転機となる出来事が起こった。スキー訓練中の転倒で膝に大怪我を負ったのだ。治療により回復はしたものの、残念ながら完治には至らなかった。するとハンデを負った状態で自衛隊の第一線で働き続ける厳しさを感じるようになり、自ずと将来について考えるようになった。当時所属していた部隊は任期が2年だったため、昇進試験を受けるのをやめ、ちょうど2期目終了の節目となるタイミングで退職を決断。キッパリと辞めて、地元大田原に戻ることを決めた。自衛隊に勤めた4年間は、民間ではできない訓練、人を助けるための技術などを学び、このときの経験が人生の基盤となったと感じている。

経営概念の下地を作った工場勤務

地元に戻り、就職活動を開始。縁があって次に就職したのが、タイヤ製造大手ブリヂストンの那須工場だった。２００３年、22歳のときだ。当時はちょうど景気が上向いていたこともあり、那須工場も設備投資に積極的なタイミングだった。入社した部署も新しいシステムの導入などが続き、岡本代表は、予算取り、メンテナンスサイクルの策定、新システム運用のためのルールづくりや人材教育などを担当した。

現在、農家を経営する岡本代表は周りの人から「岡本さんは、数字で話すよね」とよく言われる。それはまさにこの工場勤務の時代に身につけた姿勢だ。「予算取りするときに数字を出さないと信用されない。数字には根拠がある。今の数字を元に話す習慣はここからきている」と岡本代表は強調する。

入社2年目以降は半分以上が企画職の仕事となった。岡本代表は工場採用の社員だったが、本部採用の社員らとともに、変革期を迎えていた生産工場の中核となる戦略策定などに携わった。メンテナンスサイクルの考え方、人の動かし方、効率的な準備の仕方など自衛隊で学んだ基礎教育の応用が評価され、仕事の裁量を与えられた。

特に記憶に残っているのは、生産機械の設備投資だ。当時の那須工場は、明治時代に作られた古い機械もまだ現役で使われており、ちょうど老朽化に伴う交換サイクルを迎えていた。ただ、産業機械はほとんどが特注品。一から機械の構造を理解しなければ、修理のための部品交換の検討や生産メーカーの選定はできない。すでに工場の担当者は入れ替わり、詳しい社員も残っていない。岡本代表は中心に立って、生産設備の修復、入れ替えのプロジェクトに取り組んだ。入社4年目までは、とにかく仕事に慣れるため必死に食らいつく状況だった。

ただ、4年目の山を越えたところで潮目を迎えた。仕事に一定の流れができ、心にも時間にも余裕が生まれてきた。仕事も段々とルーティーンになり、前のような刺激はなくなった。すると会社員としての先が見え始め、いよいよ独立の文字が頭に浮かんできた。もともとモータースポーツが好きで、18歳から趣味でJAF公認スピード競技コース（ジムカーナ）の競技会などにも参加していた。レース仲間には、経営者やメーカーの開発者が多いため、社外の人からの話を聞く機会が増えた。すると実家の農家を「経営」するのも楽しいのではという気持ちが高まった。

レースで結果を出せる人と出せない人の最大の差は、最後に自分で決心できるかどうか。レースで勝ち続ける人は、常に自ら決断している。人生を決める家業継承は、容易な決断ではないが、信念に従い迅速果断に動いた。もともと用意周到な性格。心が決まれば、あとは着々と準備を進めるのみ。働きながら、家業を継承するための情報収集を始めた。職場ではすでにだいぶ裁量を任されていたが、退職の数年前から着々と引き継ぎを行った。そして2011年春、8年勤めたブリヂストンの那須工場を惜しまれながらも退職した。31歳の時だった。

家業を把握するアトツギ「第1期」

家業のおかもと梨園に入社するにあたり、一つだけ父親に伝えていたことがあった。「3年以内に自分に経営委譲しないなら、入社はしない」という条件だ。自衛隊とブリヂストンで学んだ幅広いスキルを生かせば自営業としても問題なくやっていける自信はついていた。家業でも、経営まで携わることができなければ戻る意味がないと感じていた。

岡本代表の父親も当時の農家の中では、かなり「やり手」だった。専業の水稲農家だったところから事業多角化のために果樹への参入を決断。栃木県で最初に環境に配慮した生産方式に取り組む「エコファーマー」の認証を取得したほか、個人としてはいち早く、農業の生産工程管理の基準である「ＪＧＡＰ」も取得した。経営が見えにくくなりがちな農業だが、ＪＧＡＰの取得にあたり、自社の農業経営の「見える化」に尽力した。岡本代表も家業に入ってしばらくは、父親のもとで自分の家の作業を覚えることに集中した。

1年半後、父親が体調を崩したことを受け、急遽、代表を引き継ぐことになった。当初は2、3年で自分の仕事を問題なくこなせるようにしてから引き継ぐ計画だったが、前倒しでの就任となった。代表就任直後のこの時期を岡本代表は、自身のあとつぎにおける「第1期」と呼ぶ。第1期は、自分の業務を着実にこなしながら、トップとして農業現場を把握し、組織を回せるようにすることを念頭に置いた。そして、少し余力が出てきたところで、課題発見に注力した。すると、安定的に人を集めるための労働環境づくりと、時代に合わせた作業の効率化が改善すべき点として見えてきた。

おかもと梨園はお米を生産しているが、広い農地に大型機械などを入れて1人当たりの管理面積を増やす「土地利用型」の大規模生産方式ではない。労働集約型といわれる果樹園と併せて経営している。「農業は組み合わせが無限にある」と言う通り、生産する作物の組み合わせや種類、立地や規模などによって、経営の最適解はそれぞれだ。製造業などに比べて普遍的な経営モデルをつくりにくく、自社の条件に見合った経営計画を考えなければならない。岡本代表も、おかもと梨園にふさわしいあり方を探った。

まずは、年間の作業スケジュールを細かく洗い出すところから始めた。お米は、3月頃から肥料を撒くなど土づくりを始め、4月からは種蒔、5月に田植え、そして9月末から収穫作業を行う。繁忙期は春先の4月と収穫期の9月、10月で、冬場の作業はほとんどない。梨は、1月から3月に、日当たりや風通しをよくするために枝や幹を切り取る剪定《せんてい》、茎やつるを支柱に結びつけてバランスを整える誘引《ゆういん》、4月に人工授粉を行い、摘果などの作業を繰り返した上で、早い品種だとお盆の8月中旬から収穫が始まる。おかもと梨園は日本梨を9種類栽培しているため、11月中頃まで収穫期が続く。

そこで、従業員の労働環境の見直しにつなげるべく、作業量が減る「冬場」の改革に着手。お米と梨に加えて、冬場の作業が発生する新たな作物を加えることで、繁忙期となる春に備えて人手も資金もしっかり投入できるサイクルの構築を始めた。おかもと梨園の従業員は、作業が集中する春先から秋口の季節限定となるスポット勤務が中心だったが、1年通じて仕事ができる通年雇用を希望する声も出ていた。通年雇用にできれば、自社の作業に精通している社員を自分のところで抱え込むことができる。また、通年である程度まとまったロットの出荷物が決まっていれば、運送会社など関係先とも価格交渉や良い関係づくりができる。検討を重ねたうえ、新たな作物として導入したのが「アスパラガス」だ。

改革着手のアトツギ「第2期」

アスパラガスは、本州最大の酪農地帯である那須塩原において堆肥の有効活用のために栽培が広がった。近隣でも生産している農家が多い。おかもと梨園が出荷先としている関東圏の市場では需要も高まっていた。アスパラガスの生産を始めたのが2017年。2018年から一部収穫が始まった。3、4年前から調査を始め、ちょうど減価償却が減るタイミングで計画的に栽培を進めた。古い梨園の土地を2年ほどかけて水田にし、殺菌した上で、ハウスを建てた。まずはノウハウの蓄積もかねて、赤字ギリギリの作付面積となる40アールから栽培。事前に研究をしていたこともあり、スムーズに軌道に乗せることができた。新型コロナウイルスの流行時には、お米の販売先である飲食店やホテル、ゴルフ場や弁当屋などの取引が軒並みなくなる中、JAの共販を販路としているアスパラガスのおかげで全体の売り上げを維持することができた。

アスパラガスは一度植えると、毎年その株から芽が出てくるため、植え替え作業をしなくても10年以上収穫できるという優秀な作物。年末に養分転流を行い、刈取りや土壌改良をしたのち3月末頃から春芽の収穫が始まり、9月頃まで続く。お米や梨の出荷期よりも早いため、アスパラガスが入ったことでキャッシュフローの面でも繁忙期に人件費を捻り出す余裕が生まれる。

通年雇用も始めた。これにより水稲の苗準備、梨の人工授粉、アスパラガスの収穫と人手が必要となる春先に人員を心配する必要がなくなった。従来のスポット雇用と通年雇用を併せることで、柔軟な働き方を実現した。おかもと梨園の従業員は幅広い。最も多いのは主婦。家事や子育ての両立を望む人も多く、冬期だけ別の仕事を探すのは負担になるため、通年雇用は歓迎される。また、定年退職後の人などもできるだけ外に出て働いて接点を持ちたいという希望が多く、継続して働ける通年雇用には前向きだ。

一方で、那須塩原という土地柄、冬はウインタースポーツの指導員免許を取ってスキー場で働く人などもいる。春先から秋口まで農業で稼いで、冬はウインタースポーツの仕事をして1年を回したいという人にはスポット雇用がぴたりとはまる。

農作業は経験や勘に頼るところが多く、異業種から来ると農業業界特有のニュアンスや表現が通じず、作業に影響が出ることがある。このため、言語に頼らない部分も含めて円滑なコミュニケーションができ、作業に慣れた人には、できるだけ長く働き続けてもらいたいと考えている。慢性的な人手不足が問題となっている農業業界において、岡本代表の従業員の待遇・労働環境の改善は、重要な改革となった。また、自社の作業サイクルに合い、需要が旺盛な新作物を加えたことで財務体質も強化できた。

組織の将来を考えるアトツギ「第3期」

今後の「第3期」についても、すでに構想を巡らせている。まとまった設備投資が必要となる機器や設備なども取り入れ、さらなる作業改善を推し進める。水稲栽培では、すでに数年前からドローンの研究を始めており、近く導入する見通しが立った。5月から7月の気温や湿度が高く、体力的にも厳しくなる時期に除草剤、肥料の散布にドローンを活用することで作業の効率化を進める。工場勤務時代に、作業タイムの改善・短縮の策定は経験していたので、お手のものだ。従来は人が「背負い動噴」と呼ばれる薬剤を噴射するための重いタンクを背負って田んぼに入り散布作業を行っていたが、散布ドローンは作業資格さえあれば、身体的な制限がなく誰でも作業できるようになる。自分の体力がいつまでも続くとは考えていない。作業効率の改善に加え、いつでも誰でも持続可能な作業のかたちを構築することに重きを置いている。

個々の作業の持続可能性を追求する先に、組織のあり方についての検討も待っている。現在は個人事業として展開するおかもと梨園だが、今後は法人化も視野に入れる。法人化することで、さらに経営を透明化し、社会的信用を高め、取引規模の拡大を目指せる。法人化に向けては、信用のできるメンバーを集められるかが鍵になるとみている。

アトツギ不足の日本の農業

日本の農業は、担い手の減少や高齢化など多くの問題に直面している。農業はこれまで家業として次の世代に引き継がれるのが一般的だったが、近年は、後継者不足により、廃業に追い込まれるケースも珍しくない。

今後の日本の農業について岡本代表は、規模のメリットを出せる専業農家以外に「特徴のある作物を作っている農家、または、作業に専門性を持つ農家が残る」と考えている。例えば、おかもと梨園は洋梨のル・レクチェを生産しているが、全国の出荷量の統計から割り出すと、おかもと梨園の出荷量は全国3、4％のシェアを占める。希少な作物は価格競争に巻き込まれにくく、取引を有利に進めやすい。

また作業の専門性では、代行作業に注目している。最新のロボット草刈機が操作できることを強みに村単位の規模で草刈りを代行したり、大型機械の運搬車両を保有して輸送作業を代行したりする事業者も出てきている。自社の栽培量が少ない農家は、代行作業を並行して行うこともできる。農業界ではドローンやロボット技術、情報通信技術の活用も始まっている。おかもと梨園でも、時代の流れに合わせて取り入れていく必要性を感じている。

岡本代表は自身のあとつぎを経て、「先代がまともであれば、それなりの資産が残っている」と振り返る。土地、設備、販売先、そして先代が築き上げてきた運営方針などだ。一方で「前の世代が適切な設備投資などを怠っていたりすると、自分の代で一気にのしかかってくることもありうる」とも話す。岡本代表は、趣味のレースでつながる先輩経営者から「継ぐ前によく勉強しとけ」と声をかけてもらっていたので、実家に戻る前から綿密な情報収集ができた。家業に関わる数字も読み込み、減価償却資産台帳など代替わりのタイミングでしか行えない重要な手続きなども事前に把握。計画的に継承できた。あとつぎを考える人には、ぜひ幅広く情報収集し、後継のタイミングでやるべきことを先回りして計画しておくべきだとアドバイスする。

代表就任から約10年。農業は自由度が高く、やりたいことをやりながら働きたい自分には合っていると感じている。岡本代表は「仕事は自分のやりたいことを実現するための手段。究極は自分のやりたいことができる分だけ稼げたらいい」と言い切り、長年の趣味であるレース活動をライフワークにしながら、曽祖父の代から引き継がれてきたおかもと梨園の農業を次のステージへ引き上げていく。

©神上なつみ

先代のスピリットを受け継ぎ、永続的な企業へ

株式会社田村製作所
代表取締役社長
田村 正光

1972年1月生まれ。

日本大学理工学部卒業後、川鉄建材工業(株)入社。3年間の修行の後に、父が経営する株式会社田村製作所入社。2008年社長に就任。

「みんながよくなる。」を経営理念に、従業員がよくなる会社を目指す。ビジョンとして「職人を育て、経営者を育てる。みんなが家族に、友人に、誇れる仕事を、誇れる会社に。」を掲げ、自律的な組織の構築で、発展しながら事業承継することを目指し、経営に邁進中。

長岡で祖父が創業、父親が拡大発展

新潟県長岡市で建築鉄骨の加工・組み立て、床上操作式クレーンの点検事業などを手がける株式会社田村製作所。長岡市の本社工場と柏崎市の事業所に2工場と、東京に関東エリアを管轄する営業所、フィリピンに施工図作成関連会社を構える。現在は、田村正光社長が経営。祖父にあたる田村政雄氏が1961年に創業し、父親の正勝氏、田村社長と3代でバトンをつないできた。

田村製作所本社前の駐車場。トンネル型をしたアーチ状の屋根の下に、幅3メートルほどの古い機械が飾られている。実はこの機械には物語がある。今から約20年前。田村社長が入社後、社内の片付け中に見つけたのがこの機械だった。社屋の奥深くに油まみれで放置され、使われている様子もなかったため、当時社長だった父親に「邪魔だから捨てようか」と何気なく尋ねた。父親は平然と「いいよ、捨てようか」と答えたが、それを聞いていた古参の社員たちが「そういえば、昔、みんなで東北まで売りに行ったよね」「トラックに載せてね」などと名残惜しそうに話し出した。すると父親も「そうだったよな」と話に加わった。

よくよく聞いてみると、この機械は創業者である祖父自らが設計したもの。トンネル工事中に、上や横からの重みで崩れないように内側から支持しておくための鉄製のアーチ型の仮構造物「支保工」を曲げ加工するもので、かつて会社の成長に大きく貢献した機械だったという。下請けに留まらず自社ブランド製品を創り出そうという祖父の情熱が込もった、会社の原点でありスピリットとなる機械だったのだ。そして機械に印字された製造年月日「昭和47年1月」は、田村社長の誕生年月と同じ。大きな運命を感じた田村社長は、すぐさま機械をピカピカに磨き上げ、会社に展示することを提案。本社の駐車場に設置が決まると、曲げ加工の機械を象徴するようなアーチ型の屋根も取り付けた。今では、田村製作所の歴史を語る大切な役割を担っている。

田村社長の祖父は、第二次世界大戦中、航空機産業が集積する愛知県の三菱重工業で軍事用の航空機の製造に従事していた。終戦後、地元の新潟に戻り、親戚が営む鉄骨事業の会社に経営陣の1人として参画。1961年、その会社が倒産したため、祖父が代表となり新しく立ち上げたのが、田村製作所だ。鉄骨事業などを主体としたが、戦時中、航空機に携わっていた経験から「次は動くものがつくりたい」と製造を始めたのが前述の工作機械だった。

高度経済成長期のインフラ整備が急ピッチで進められる中、トンネル工事に使われる支保工を加工する同機械へ需要も拡大。最盛期は、毎日のようにトンネル工事の現場に機械を抱えて出向いた。祖父の先見の明もあり、順調に売り上げを伸ばしたが、数年すると大手企業が相次いで参入。次第に大手の主戦場となったこともあり、田村製作所は同事業を縮小。主力の鉄骨事業に注力することになった。

祖父は、孫である田村社長に対しては優しいおじいちゃんだった。ただ、仕事には一切妥協しない性格だった。小さいころ、祖父と少林寺拳法の映画を見に行く約束をしたことがあった。田村社長はその日を楽しみにしていたが、祖父に仕事の急用が入り行けなくなってしまった。まだ幼かった田村社長は泣いて駄々をこねたが、そのとき、普段怒ったことのない祖父が声を荒らげた。「仕事があるんだ!」。そう言って会社に向かった。もう何十年も前の出来事だが、田村社長はこの一件を今でも鮮明に覚えている。祖父にとって仕事がいかに大切なものかを知った出来事だった。

1980年代には景気も上向き、田村製作所も工場移転など積極的な設備投資を進めた。そんな最中、創業者として仕事に情熱を注いでいた祖父が病気で倒れ、急遽、田村社長の父親が後継者として就任することになった。溶接業の職人から、婿として田村製作所のあとつぎとなった父親。「俺が、俺が」というタイプではなく、経営スタイルも堅実そのものだった。父親の代では、バブル崩壊やリーマン・ショックなど会社の経営を揺るがす大きな経済危機が訪れたが、その都度、着実に乗り越えてみせた。田村社長はそんな経営者としての父親の背中を見て育った。

父親と同じ建設の道へ

田村社長の名前は「正光」。父親の名前「正勝」から引き継いだ「正」、そして「光」は、江戸幕府3代目将軍の徳川家光の名から1文字をとって父親が命名した。ゆくゆくは祖父から自分が会社を引き継ぎ、3代目として田村社長につないでいくことで、江戸幕府を率いた徳川家よりも長く田村製作所を引き継いでいきたいという思いを込めたという。父親は常々「田村製作所は徳川家を超える。400年を目指す」と口にしていた。この言葉は田村社長にも刷り込まれている。

「父親には、表面的な反発心があるが、絶対的な尊敬がある。結局、同じ道を行ってしまう」と、物心がついたころには将来、後継者となることを心の中で受け入れていた。「俺には俺の人生がある」と反発した時期もあったが、高校卒業の進路選択のときを迎えると「理由はわからないが、自然と建設の道を選んでいた」と振り返る。

ただ現役での大学受験はうまくいかず、浪人が決定した。父親には「浪人のお金は出さない。予備校費用は自分で稼ぎなさい」と言われた。すると田村社長は憧れていた東京へ行き、新聞奨学生として巣鴨で新聞配達をしながら、予備校に通った。この時の生活が田村社長の視野を大きく広げることとなった。「販売所で一緒に働く人たちが、売れない劇団員、空手の修行中、東大目指して3浪中などと、とにかくユニークで面白かった。自分でお金を稼ぐことも知り、羽が生えたようだった」。学校では出会うことのない多様なバックグラウンドの人々と出会い、広い世界を知るきっかけとなった。

1年の浪人生活を経て、大学に無事合格。浪人時代を通して視界が開けたこともあり、入学するときには今後やりたい3つのテーマが自分の中で固まっていた。「ボクシング」「海外」そして「経営」だ。ボクシングは、在学中、時間をかけてプロのライセンスを取得した。海外は、当時流行していたバックパッカースタイルで各国に繰り出した。大学時代は自分のやりたいことをやり切った。そして残る目標は「経営」となった。

本分である学業では、土木工学を専攻して建設の知識を深めた。そして、大学卒業後の進路を決める時期になると、父親が就職先を決めてきた。同業の建設関係の企業だった。ただし、田村製作所とは違い、鉄骨以外に屋根、壁などを総合的に扱う企業だった。「父親としては、将来家業を継ぐにあたって世の中の成り立ちを知ってほしい、そして幅広い建設工程を扱う企業で修行して、建設の全体像を把握してほしいという狙いがあったと思う」。田村社長は父親の意図を汲み取り、この建設企業に入って経験を積んだ。そして3年働いた後、退職。26歳で実家の田村製作所に入社することを決めた。

満を持して家業の田村製作所に入社

あとつぎになる覚悟は持っていたが、全て納得していたわけではなかった。実家に戻って働き出してからも「父親は田村製作所を、徳川家を超す400年企業にすると意気込むが、そのほんの数十年をつなぐのが自分の人生なのか。自分の人生は本当にそれでいいのか」という気持ちは依然、残っていた。また、大学時代から経営に興味を持ち、色々なビジネス書や経営談を読み漁ったが、そこに綴られていたのは、上場を成し遂げたり、赤字企業を再建させたりといった華やかなサクセスストーリーが中心。一方で、自分が家業に入ってから日々こなすのは、堅実といえば聞こえはいいが、もっぱら地味な作業ばかり。そのギャップに疑問を持った。モヤモヤとした気持ちが反発を生んでいた。

入社数年後、30歳を迎えるころに転機が訪れた。地元新潟の地方銀行の後継者セミナーに何気なく参加したところ、米国のビジネスコンサルタント、ジム・コリンズの『ビジョナリー・カンパニー』という本に出会った。ビジョナリーカンパニーとは、長きにわたって成長・繁栄を続け、存在感や社会的影響を持ち続ける企業のこと。長期的に卓越した企業には特徴があり、その特徴をかたちづくっていくためには、階段を上るように一段一段、地道にやるべきことがあるということを学んだ。そして、あとつ

ぎとして家業を継いだ自分には、幸運にもこの長期的に卓越した企業を創る挑戦ができる立場にあることにも気づかされた。セミナーで出会った1冊の本が、発想の大転換のきっかけを与えてくれた。

当時、田村製作所は創業約50年。自分が会社をつないで、子供が継いでくれたら100年を迎える。会社の将来を俯瞰して見ることで、やりがいと使命感が生まれた。会社の成長を一段一段押し上げていくことへの意義を感じた。ビジョナリーカンパニーの概念に出会ったのを機に、田村製作所の歴史にも興味が湧き、調べ始めた。すると、祖父が病に倒れ父親に代替わりした際、一気に業績が落ち込んで、債務超過に陥った会社を父親が持ち前の堅実な経営で借金を清算して立て直したという事実を知った。自分が子供のころ、父親はこんなに大変な思いをしていたのか──。会社の歴史を振り返り、先代が乗り越えてきた苦労の数々を現実のものとして受け止めた。「ただただ、先代のじいちゃん、父ちゃんありがとうという気持ち」になったという。

仕事に慣れてきたころ、父親から会社の決算書や財務書類を共有してもらう機会ができた。そこで目にしたのが、決算の数千万円の赤字。田村社長はその桁の多さに、思わず「俺は背負えない。赤字の会社は継げない」と口に出した。すると次年度、父親は会社の決算を黒字転換させてみせた。社内の電球一個一個にまで経費削減の目を光らせ、会社の業績回復を実現した。父親の底力を見たようだった。会社のためにそこまでする父親に「なぜこんなリスクを取る仕事をしているのか」と尋ねた。すると、父親はボソッと一言だけ「ここにいるみんながよくなるからだろうな」と答えた。正直、自分のためだけなら数千万円もの赤字を背負うリスクのある仕事などしなくても良い。もっと気楽にできる仕事もあるだろう。ただ、リスクを取るというのは自分自身のためではなく、自分の会社で働く従業員みんながよくなるためと聞いて、スッと腹に落ちた。「この仕事に人生を賭ける価値がある」と思った。

このときの父親の言葉「みんながよくなる。」を田村製作所の経営理念に採用した。「みんながよくなる。」をより具体的目標に落とし込むため、社員にとって何がよくなることか、アンケートをとった。すると「仕事をしていて楽しいとき」「お客様に褒められたとき」「同僚に頼られたとき」「新しく資格をとったとき」「社員同士の人間関係ができたとき」

「安定した給与があること」などたくさんの声が上がった。こうした声を集約して、「みんながよくなる。」を「社会に貢献する喜び」「挑戦し成長する喜び」「豊かな人間関係」「安心して暮らせる喜び」の４つの指標に落とし込んだ。社員全員の声を聞きながら、経営理念を設定したことにより、会社の進むべき方向が明確になった。

父親はかねて65歳になったら自分は引退すると言っていた。その言葉の通り、65歳を迎える年に社長を引き継ぐことになった。そして、父親は会社を去るまでに、自分と同年代の幹部を引き連れて一緒に引退した。「口には出さないが、後継者の自分が次にやりやすい環境をつくってくれたのだろう」と、今でも感謝している。入社から思い返すと、まさに自転車の練習のようだった。父親はいつも後ろに手を添え支えてくれていて、運転が安定してきたところを見計らって徐々に手を離し、前に進めるようになってからも見守りながら並走してくれていた。「父親は本当にすごい人だと思う」。自身が会社のトップとなって改めて父の偉大さを感じている。

父親の引退。独り立ちへ

２００8年に36歳で社長に就任。父親の後押しを得ながら、会社の舵取りを進めた。社長としてこれまでにない大きな経営判断に直面したのが、就任から約8年後。隣の柏崎市で同じく鉄骨業を営む矢島鉄工所をＭ＆Ａ（合併・買収）することになったときだ。きっかけは、創業78年の同社が、会社を手放したいという話を聞いたことだった。ビジョナリーカンパニーの考え方を知って以来、長期的に卓越した企業をつないで行くことに価値観を持っていた田村社長は「エゴかもしれないが、自分が引き継げばつなぐことができる」と感じた。一経営者として地元の老舗企業を救いたいという思いが田村社長をＭ＆Ａに駆り立てた。

同業のため、当初は「自分が入れば何とかなる」と考えていた。ただ、実際は全く違った。田村製作所と社長が退いた後の矢島鉄工所の2社を1人で経営するのは想像以上の難しさがあった。気がつくと矢島鉄工所の社員がバタバタ辞めていった。1人では限界を感じていた時に、信頼する田村製作所のベテラン社員たちが手をあげて乗り込んでいってくれた。

すると状況は次第に好転し、内部体制が整ってきた。「社長1人が入っただけで、幹部や管理が責任を負う立場を取らないと会社は維持できないとよくわかった」。このことから2社を同時に経営するのは難しいと痛感。本来は創業78年の矢島鉄工所も存続させたいと考えていたが、最終的に合併して一つの組織にするべきという結論に至った。ただ、合併は合併で非常に困難が多い。田村社長は「手術みたいなもので、うまく縫合されないと血が出てくる。それぞれの会社に歴史と誇りがあり、文化が違うのは当然。お互いを尊重し、多少の違いは認めながらやっていく」という基本的な姿勢を社内で徹底して統合作業を進めた。

こうした甲斐もあり、田村製作所と矢島鉄工所の合併は順調に進んだ。合併による事業規模の拡大で、受注できるプロジェクトも大きくなった。また高難度の物件にも果敢に取り組む体制が整った。スケールメリットが生まれたことで「難しい案件に挑む文化が醸成され、プロジェクトに挑戦して成長する喜びを感じることが増えた」というシナジー効果を生んだ。着実に技術・品質管理力の向上を進めたおかげで、２０１９年には本社工場が、鉄骨製作工場で製作される建築鉄骨の品質保証の信頼度を評価する国土交通省の認定制度で、Hグレードに昇格。受注可能な建設規模、使用鋼材の適用範囲がさらに広がった。

社長就任後もたまに会社に顔を出して手助けしてくれていた父親だったが、矢島鉄工所のM&A案件には一切関わることがなかった。そして、このころから会社に来ることもなくなった。まさに田村社長が自らの判断で試行錯誤しながら進めたM&Aが、会社の代表として完全に独り立ちするタイミングとなった。

新規事業を成長のエンジンへ

社長就任から15年以上が経過した。今後は、既存事業のテコ入れや新規事業にも着手していく。まずは、祖父の代から始まった天井クレーンの点検事業。しばらく休眠に近い状態になっていたが、再度力を入れるために新たな事業部を立ち上げた。現在、売り上げも伸びてきている。そして父親の時代に買収した子会社の発展にも改めて尽力していく予定だ。

また、海外事業にも乗り出した。2018年にフィリピンの首都マニラに施工図作成関連会社を設立。日本国内で影響が出始めている人材不足やコスト高に先んじて手を打つため、現地でフィリピン人社員を雇い日本のプロジェクトの鉄骨図面を描く事業を開始した。滑り出しは好調だったが、2020年に新型コロナウイルス感染症が大流行すると、日本からの出張が全面停止になり、やむなく完全リモートワークに移行するなどの不測の事態にも見舞われた。ただ、日本から指示を出しながら何とか乗り切ることができた。もともと海外に出るのが好きだった田村社長。コロナウイルスによる入国制限がほぼ撤廃となった2023年には現地に6回出張するなど、コロナ禍での停滞の巻き返しを図っている。

海外で事業をすると、やはり文化や商習慣の違いが出てくる。例えば、カトリック系が多いフィリピンでは、クリスマスパーティーがどの会社にとっても欠かせない一大イベント。現地社員の満足度を高めるために、田村製作所も盛大にパーティーを行っている。ほかにも、現地のフィリピン人社員を研修で日本に連れてきたときのこと。夕食でファミレスに入って、それぞれが注文したメニューがテーブルに届くと、当たり前のように料理を人数分に取り分けてシェアを始めた。「フィリピン人はシェア文化。日本に比べてあらゆる場面で人と人との距離が近い」。一緒に仕事をする中で、実務においても大小たくさんのカルチャーショックに直面したが、田村社長は「海外はその一つ一つの違いが面白い」と言い切る。今後もフィリピンを軸に海外事業にも注力していく。

田村製作所を400年企業にするために

「あとつぎ」――。実際に経験してみると、最初に思っていたような華やかさはまったくなかった。むしろ、常に大きなプレッシャーと闘い続けている。「自分1人で立ち上げた会社なら辞める権利があるが、じいちゃんが創って、父ちゃんが愛してきた会社を辞めますなんて言えない」。ただ同時に、長年一族で会社を創り上げ、つないできたという誇りと歴史がプレッ

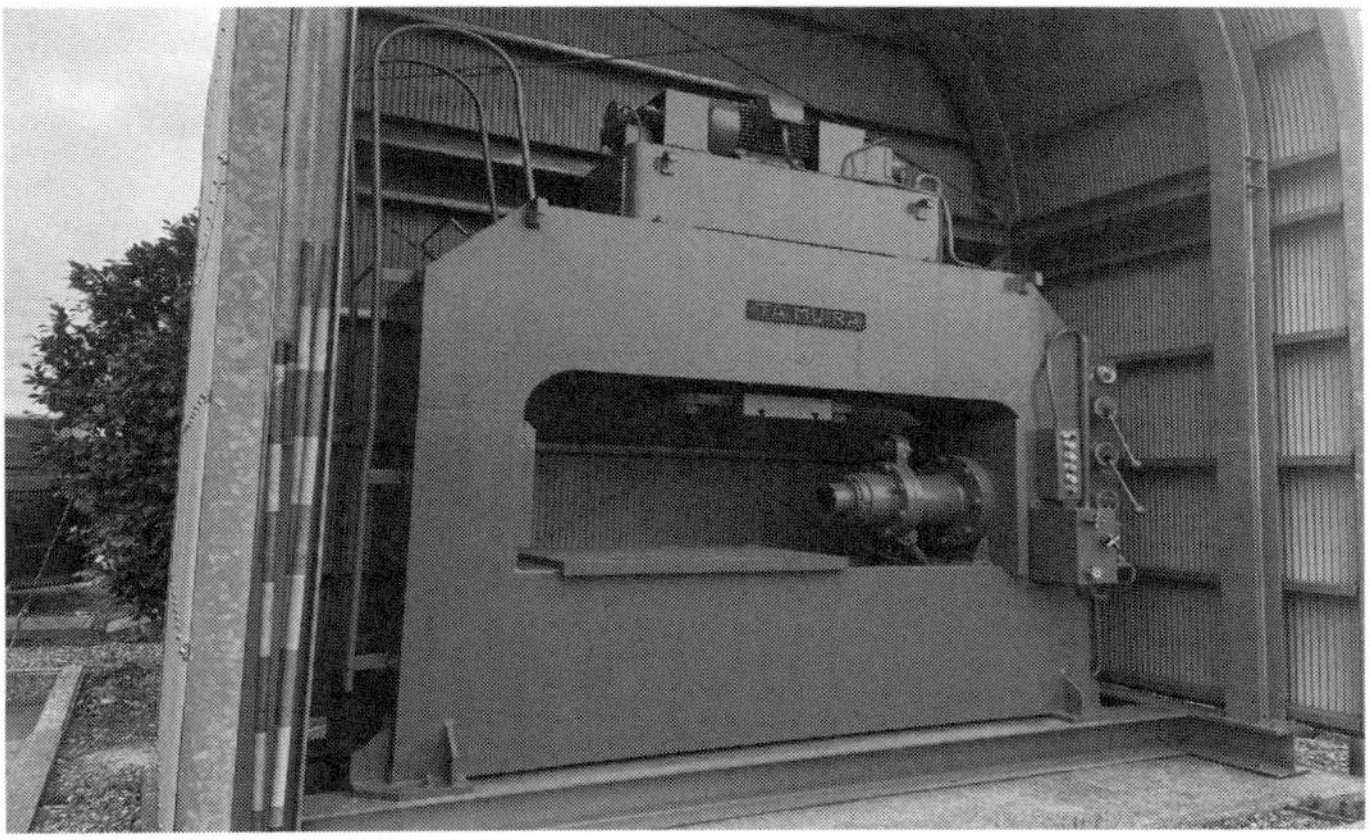

シャーを上回る勢いで背中を押す。「自分の身内から引き継いでしまったというパワー。平凡な人間が、社員を雇って、多くの責任を背負っていくパワーの源ってそこにあるのかな」と田村社長は考える。

田村社長は「あとつぎは『因果応報』」と話す。先代が良いことをしたら良いことが返ってくる。悪いことをしたら次の代にも何かしら悪いことが戻ってくる。「自分が良い流れに乗れているのは、先代2人の多大なる努力があったから」と改めて強く感じている。

自分の息子たちも将来を考える歳を迎えた。先日、田村製作所が高校生向けの採用説明会を開催したときのこと。家に帰って雑談がてら説明会の様子を話しているとき、息子がその場で田村製作所のコーポレートサイトを開き「へえ、こんなことやるのか」などと言いながら画面を眺めている姿を見て、感慨深さを覚えた。こんなにゆっくり会社の話を共有するのは初めてだった。自分が父親から後を継いだように、いつかは次の世代に託すときがやって来る。そのときまで、追い風で引き継いだ会社をこの勢いのまま次につなげていくのが、自分の使命だと感じている。

血縁なしの社長から「アトツギ」へ

株式会社デジタルブロックス
代表取締役社長

山口 亮

株式会社デジタルブロックス 代表取締役(1998年創業、2019年承継)

1999年、甲南大学理学部応用数学科を卒業。

卒業後、大手SI企業にシステムエンジニアとして入社し、6年間の開発経験を積む。その後、エンジニアから営業職への転身を図り、広告代理店に入社。

2007年、現職となるデジタルブロックスの前身となるシステムサポートに入社。2019年には、事業承継を行う半年前にブロックスカンパニーを設立し、同企業の代表に就任し、ホールディングス化を実現。

デジタルブロックスでは、新規事業展開として、自社のプロダクトの開発と販売を積極的に推進。

時代が変わり多様化した「アトツギ」のかたち

「あとつぎ」と聞くと、親族が創業し、代々引き継いできた事業の継承を思い浮かべる人が多いと思うが、それだけではない。近年は、後継者問題の解決に向けた法整備が進み、会社継承のスキームが多様化したこともあって、親族外に引き継がれるあとつぎも増えている。

大阪・東京の2拠点でシステム開発などを手掛けるIT企業、デジタルブロックスの山口亮社長も、自身が勤めていた会社を親族ではないオーナー社長から引き継いだ1人。会社の経営陣、役員に株式を譲渡し、経営権を移転することで事業承継を行うMBO（マネージメント・バイアウト）と呼ばれる手法を使い、先代社長が退くタイミングで会社を承継した。後継者となれば、資金面はもちろん、法的、社会的責任を一気に背負うことになるが、「何とでもなると思わせるだけの『会社の魅力、社員の魅力』があった」と決断を振り返る。

大阪でIT業界成長期に発展

デジタルブロックスの前身となる、システムサポートは1998年に大阪市で創業。システム開発を生業として成長してきた。社員は約140人。開発エンジニアが9割を占めている。主力とするのが、創業事業でもあるシステムエンジニアリングサービス（SES）事業だ。SES事業とは、企業のソフトウェアやシステムの開発・保守・運用といったITの専門業務に対して技術者の労働力を提供するIT業界では一般的なサービス。導入企業は、取り組むプロジェクトに合わせて、求めるスキルを持ったエンジニアを必要な人数、期間だけ確保できるメリットがある。

SESのエンジニアは顧客先に常駐して働くため、派遣契約にも似ているが、指揮命令はエンジニアの所属企業が行うという点で仕組みが異なる。SESはエンジニアの労働対価に対する契約のため、キャッシュフローが安定しやすく、デジタルブロックスでも同事業が売上高の8割を占めている。

2つ目の柱が「受託開発」事業だ。SES事業はエンジニアが顧客のプロジェクトに労働力として参画するのに対し、受託開発は、顧客から要望のあったソフトウェアやシステムを構築・納品する、いわば完成責任を負うオーダーメード型の事業になる。デジタルブロックスは物流や商社、食品、建築など業界を問わず、あらゆるエンドユーザーとなる企業から直接受注しているのが特徴。受託開発はSIerと呼ばれる、元請けの大手企業が割り振る仕事の請負を中心としている企業も多いため、自社でエンドユーザーを抱えるのが大きな強みになっている。例えば、物流企業向けには、倉庫や配送、ルート、配車管理など作業効率化を助けるシステムを構築している。顔が見えるエンドユーザーの課題解決につながる受託開発は「社員も使命感を抱き、プライドを持って取り組んでいる」と山口社長も胸を張る。

受託開発は、1案件あたり数千万円と受注金額が大きいのがメリット。ただ、基本的に半年から1年ほどかけて開発したシステムやソフトウェアを納品してから請求となるため、キャッシュフローのギャップは生まれやすくなる。デジタルブロックスは、SES事業で安定した収益を生み出し、ある程度の余力が出てきてから受託開発事業が加わったため、現在は、両輪がバランス良く回っている状況だ。山口社長も「安定した経営ができるようになったことに、会社の大きな成長を感じている」と話す。

やりがいを見出したITの営業職

山口社長にとってデジタルブロックスは3社目。社会に出てから一貫してIT畑を歩んできた。キャリアのスタートはITエンジニア。大学は理学部応用数学科の出身で、学生時代からITを学んでいた。当時はIT業界の成長期。就職はIT企業を軸にすることは決めていたが「開発職」か「営業職」のどちらを希望するかで最後まで悩んでいた。昔から人と会話したり、人を巻き込んだりするのが大好きな性格。ITは好きだが、1日の大半をパソコンに向かって過ごすのはつまらない。ITも扱いつつ、人と接点が持てる仕事につきたかった。そんなとき、就職活動で先輩がかけてくれた「エンジニアこそコミュニケーション力。お客さんの要望を聞き出して、そこに自分の知見を組み合わせて、提案をかたちにするから、営業職以上に営業力が必要になるんだよ」という言葉がグッと響いた。開発職はどうしてもパソコンに張り付く「マニア」のイメージがあったが、先輩の言葉で「IT」と「人」の両方に携われると知り、開発系のエンジニア一本に絞って就職活動を進めることに決めた。そして見事、エンジニアとして大手システム企業に内定した。

昔からチーム全体を束ねたり、周囲を巻き込んだりする能力を評価されることが多かった山口社長。内定後もさっそくリーダーシップを発揮した。入社が決まったのは社員1000人規模で、同期も100人ほどいる大企業。内定式の直後、盛り上がった流れで、ご飯に行こうという話になると、山口社長は素早く同期に声を掛けて、近くで大人数が入れる店を決めて、会を進行するという段取りを1人で行った。結局、急な開催ながら会には70人以上が集まり、大盛況のうちに終了。その後、同期が結束するきっかけとなった。あとから採用担当者に聞いた話によれば、山口社長は「その年の同期の中で、全体をまとめて引っ張る、リーダーのような役割を期待して採用された」とのこと。まさにリーダーとしての片鱗を示した出来事だった。

入社後の、エンジニアとしての仕事も刺激的だった。顧客の悩みを技術の力で解決できることにもやりがいを感じた。ただ、社会に出ると、エンジニアの中には寝ても覚めても技術のことを考えていたいという「天性のスーパーエンジニア」が存在して、自分はどうあがいても勝てないという悔しい現実にも直面した。もっと活躍して、上を目指したいという思いから、自分も「好き」と「得意」を突き詰めて、営業の力を伸ばしたいと転職を決断。6年勤めた大手システム会社から、営業担当として広告代理店に転職した。

営業経験ゼロからのスタートだったため、そのキャリア差を埋めるべく、必死に努力した結果、自分の性分に合った仕事だと感じた。営業職は、毎月の売り上げによって部署内での順位が決まる。自分が売り上げた分が利益となって、会社の発展につながっていく。営業の奥深さにどんどんとはまっていった。

担当する顧客も増えていく中で、出会ったのがシステムサポートの先代社長だった。営業担当として求人広告を担当する以外にも、企業ロゴやホームページ、会社案内のリニューアルなどの仕事を任されるような信頼関係を築いた。ライフスタイルの変化で転職を考えていた時に「ぜひうちで一緒に仕事をしないか」と誘ってもらったのをきっかけにシステムサポートの一員となった。営業の即戦力として迎え入れられた。

新天地で営業道を邁進

山口社長がシステムサポートに入社したのが2007年。当時はまだ、社員数が50名ほどで、SES事業のみを手がける企業だった。入社後はエンジニアのフォロー活動のほか、SESの案件獲得などを担当。まだ手薄だった社内の営業機能の活性化に貢献した。

入社して1年半した頃に、世界金融危機の「リーマン・ショック」が発生した。社業への影響は大きく、仕事が減ると、数名の内勤社員しかいなかったはずの社内には、顧客先で常駐の仕事がなくなった「社内待機」のエンジニアが溢れた。多い時は10人近いエンジニアが待機中になるなど厳しい状況だった。

ただ当時、こうした逆風下でも、先代社長は積極的にエンジニアの採用を続けていた。目先の仕事も見通せず、売り上げも減少する中で、本来なら採用を控えるのが順当な判断かもしれないが、不況下でもあえて、市場に放出された優秀なエンジニアを受け入れ続けた。雇用の流動性が高いエンジニアだが、当時入社した同期世代のエンジニアたちは今でも会社に残り、中核となって活躍している。このときの社長の姿勢から、経営者の決断とは何かを学んだ。

リーマン・ショックの余波もあり、数年間は売り上げが横ばいの停滞期が続いたが、その分、回復期に備えて体制の再構築に力を入れた。山口社長の持論は「営業はみんなのお母さん」。営業マンは案件を獲得して、自社のエンジニアが顧客先に入ったら終わりではなく、現場で良い仕事をしてもらうための環境づくりも大切な仕事と考え、常に現場に足を運んだ。顧客先に常駐していてなかなかコミュニケーションをとる機会の少ないエンジニアの同僚のところにランチ時間に回って、現場の話を吸い上げた。「こんな人間関係に困っている」「もっとこうしたら円滑に作業ができる」など、エンジニアから上がる意見をもとに、エンジニアと顧客のパイプ役となって、提案や改善につなげた。

また、山口社長の入社当初、社内には営業やバックオフィスは「技術者」より下だという見えない序列が存在するのも気になっていた。IT企業ではこうした風潮が少なくないが「お互い得意な分野で力を出し合えば、会社としてもっと強くなる」と、ずっともどかしく感じていた。営業が仕事を取って来て、技術者がかたちにする。それを総務や人事などのバックオフィスが屋台骨として支えることで成り立っている。社内にどことして不要な役割はない。山口社長は、社内で部署を超えたフラットなコミュニケーションを創出するために「社員会」という制度を作った。社内のイベント資金として、社員が毎月の給与から1000円ずつ積み立てる仕組みだ。積立金は、社内の飲み会やイベントの企画のほか、社員やその家族に慶事や不幸があった時などに慶弔見舞金として拠出。不足分は会社が補填する。任意の参加だが、積立方式なのでイベントは参

加した方がメリットがあるよう運用ルールを策定・周知した。何より「社内で結びつきを持って、お互いの喜びをわかち合うための投資だから、会社全体のことをぜひ一緒に考えていこう」と社員1人1人に思いを率直に伝えた。

社員が参加しやすい仕組みが整ったのはもちろん、何より山口社長の熱意が社員にも伝わったことで、各イベントの参加率は大いに上がった。現在は、社員の家族の参加も広がるなど、社内をつなぐ大事な制度となっている。

ライフスタイルの変化のための転職だったが、入社後は気がつくと時間の制限なく働いていた。それでも、働けば働くだけ会社の売り上げも伸びていき、仲間も喜んでくれたので、これまでにないやりがいを感じた。会社の成長に伴い、トラブルなども多発したが「この時期の経験が自分を強くした」と感じている。

先代社長からの突然の事業承継

先代社長はエンジニア出身だった。営業はあまり得意ではないと話していたため、入社後は、率先して社内の営業基盤の構築に取り組んだ。成果を認められ、5年目には営業部長に昇格。さらに、その5年後の入社10年目のタイミングで取締役に就任。驚いたことに「取締役」の肩書きがついてからの営業活動は、顧客の見る目も変わり、一気にスムーズに進むようになった。数字もついてきた。このころから先代社長に「社長の看板を使って営業活動に生かしたい」と、事実上、次期社長への立候補の意思を伝えるようになった。役員まで昇格し、営業活動にも弾みがついてきたことで「会社を引っ張り、もっと発展させて全社員を幸せにしたい」という思いが高まっていた。先代の社長も、ちょうど代替わりを視野に入れていたタイミングだったことから、山口社長の思いは叶い、社長交代が実現することになった。

社長交代の1年前となる2017年末に全社員向けの事業計画発表会で時期社長就任を公表した。社員へのお披露目も無事に終え、就任に向けて心身ともに準備を進めていたところで、予期せぬ出来事が起きた。先代社長から「やっぱり、会社を買わないか」と打診されたのだ。会社を丸ごと承継したい訳ではなく、会長に就任した先代の元で雇われ社長として働くと思っていた山口社長にとっては青天の霹靂。聞くと、先代社長も、システムサポートを次世代に引き継ぎ、新たなチャレンジをしたいとのことだった。想像もしていなかった提案に驚いたが、あまり迷うことはなかった。

会社の売り上げは年10～20％で伸びており業績が順調だったことに加えて、何よりこの社員たちがいてくれれば必ず成功すると考えた。自分が頑張ることで会社をもっと良い方向に導き、社員を幸せにできるという思いも根底にあった。承継の打診を受け入れれば、先代社長にも恩義を返すことができる。そして、最も信頼する社内の部長仲間に相談したところ「もちろん協力します！」と即答してくれたのが決め手になった。やはり最後は「人」が後押しになった。

2019年にMBO（経営陣が参加する買収）で会社を買い取り、代表に就任した。

ところが、承継直後は苦労の連続だった。事業継承は多額の資金を調達して株式を取得するため、MBOのスキームそのものや株式取得資金の裏付けとなる会社の財務、キャッシュフローと向き合い事業計画を策定しなければならない。書類に並ぶ桁違いの金額や、初めて聞く金融用語やスキーム。社歴も長くなり社内業務には精通していたものの、自らがオーナーとなってリスクを一手に引き受けて経営するのは、別次元のプレッシャーだった。承継後は、先代社長との時間も十分に取ることができず、とにかく金融機関や専門家に頭を下げて一からわからないことを教えてもらう日々が続いた。

さらに、社内向けには新体制発足に伴うビジョンや理念の策定、社員への周知、そして通常業務も並行して行わなければならず、膨大な業務に追われた。山口社長は、「自分の会社を大きくしたい、社員を守りたいという決意や情熱がなければ、乗り切ることができなかった」と振り返る。社長という「役職」だけでなく、一連の承継作業によりオーナーとして会社を背負ったことで、覚悟が決まった。

新体制の幕開けとなる社名変更と新事業

社長就任後にまず、社名変更に取り組んだ。新たな船出に合わせて、社員みんなで会社をつくりたいという思いがあったからだ。「デジタルブロックス」という社名は、全員参加で決めた。転職組の山口社長は3社を経験してきたが、これまでに在籍した全ての会社に愛着を持っていた。ただ、世の中全体で見ると、自分の会社が嫌いな人は本当に多い。自分の会社の社員には、社名を決めるプロセスから関わることで、自社に愛着を持って欲しいと考えた。「人とのつながり」「温かみ」など新社名のコンセプトを提示した上で、全社員から公募した。集まった候補案を公開し、全社員から投票を募る仕組みとした。その結果、営業担当の社員が考えた「デジタルブロックス」が最多票を集めた。新社名には、「ブロック」のように社員みんなで力を合わせて、「デジタル」の力を掛け合わせていけばどんなかたちでもつくり上げられる、という思いが込められている。

同時に、ロゴマークもデザイン会社に案をいくつか出してもらい、投票方式で決定した。山口社長が目指す「みんなで創る会社」を体現した。

さらに新規事業として、自社プロダクトの開発・販売事業にも乗り出した。既存のSES事業、受託開発事業は堅調だが、両事業はエンジニアの労働力に依存する事業でもある。近年は昔に比べてエンジニアの採用も難しくなっているため、労働力ありきではない

3本目の柱の事業育成が不可欠だと考えた。そこで2020年、これまで培ってきた技術力や組織力を生かして、クラウド経由でソフトを提供するSaaS（サース）の商品を開発。第一弾として、営業活動を一元管理できるシステムを中小企業向けに売り出した。システムは、営業担当者の行動や過程、結果分析を見える化することで、営業全体の効率化や利益拡大を支援する。開発には、現場第一線の営業マンとして働いてきた山口社長の経験も生かした。第二弾では、企業が確度の高い成約企業に営業リソースを集中できるよう、100万件の企業データから自社の検索軸に合わせた営業先リストを生成することができる営業支援システムも開発した。

自社プロダクト事業は徐々に売り上げを伸ばしており、この事業単独において2024年3月期末の黒字化を達成している。SESや受託開発は安定事業ではあるが、人に依存する労働集約型のビジネスのため利益率はそれほど高くない。高収益の自社プロダクトが育てば長期的に会社の収益構造の改善につなげられる。また、自社プロダクト事業には、「SESや受託開発に比べて、裁量権の大きい自社プロダクトを持つことで、他社との差別化を明確に打ち出し、働く社員のモチベーション向上や採用効果を狙いたい」と収益面以外にも期待する効果がある。群雄割拠のＩＴ業界において、デジタルブロックスを特徴づけるプロダクトに育てていくつもりだ。

デジタルブロックスを次世代に続く会社へ

デジタルブロックスは設立以来「技術力」と「人間力」を強みに掲げて成長してきた。ただ近年は、ＤＸ（デジタルトランスフォーメーション）化などＩＴ需要の急速な高まりや労働人口の減少も相まって、ＩＴエンジニアの人材不足は深刻化している。山口社長も、人材採用は今後のデジタルブロックスにとって大きな経営課題の一つになると認識。すでに今後に向けた布石を打っている。直近では、社員への還元を増やすため「決算賞与」の制度を創設。２０２４年3月期から、会社の決算時における利益を賞与として社員に分配する仕組みを取り入れた。狙いは「社員に経営者目線で会社を見てもらう」ことだ。「無駄遣いすると利益は減るし、無駄を省けば利益として残る。さらに売り上げを伸ばすには自分たちは何をすべきかを考える文化も醸成できると考えた。ぜひ制度導入初年度は1人数万円でも賞与を出したい」と意気込む。

また、企業の根底となる考えである企業理念。デジタルブロックスでは「大切な人を幸せにしよう」という企業理念を掲げ、お互いのことを本気で考えることができる組織を構築し、「人が成長する会社づくり」も進めていく。これまでは、主に即戦力採用を重視し、すぐに現場に立ち向かって行ける人材を採用していた。ただ今後は、ＩＴエンジニアの獲得競争の激化から「未経験やそれに近い人を１人前にして活躍する会社にしないと人は集まらない」と見込む。デジタルブロックスでは、特に新卒採用の若い社員については、学生時代にＩＴを学んだ経験がなくても、何事にも前向きに努力できる能力があるかを重視して採用している。このため入社後は、ＩＴ技術の基礎やプログラム言語開発、会社実務などをまとめて学べる約４ヶ月間の共同研修への参加

など、サポート体制も手厚く整えている。

そして、会社で人を育成するには、まず先輩社員のマインドを変えることが大切だと感じている。山口社長は自身の経験から「社員育成はやらされると思ったら無理。『やりたい！』という先輩社員をどうつくるかがカギになる」と話す。どんな会社にしたいかビジョンを共有しながら、一緒に働く後輩に仕事のやりがいや、成長する魅力を伝えられる先輩社員を増やし、会社の文化として継承していくのが目標だ。そのために人材教育分野には積極的に投資し、育成に関わった側の社員にとってもメリットとなるような会社の評価体系を構築していく計画だ。

自身の働く会社を親族外承継で引き継いだ山口社長。最も大切にする「大切な人を幸せにしよう」という企業理念を軸に、デジタルブロックスを次世代に引き継がれる企業へと導く。

自然体に
何事も「楽しむ」ことで
成長していく

みらい協同組合 代表理事
みらい日本語学校 理事長
片庭 慶子

1977年、茨城県生まれ。海外からの外国人受け入れ事業に従事。「国籍の異なる人が共生し合える"文化"を根付かせたい」という想いから、外国人の受け入れ環境そのものをより良くしていく活動にも力を注ぐ。また、NPO活動では海外のNGOと連携し、経済的な問題を抱える子供たちへ支援・交流する「海外里親プロジェクト」を始動。FMラジオパーソナリティ、いばらき大使、拓殖大学客員教授として、多様性社会実現のための発信を続けている。(一財)外国人材共生支援全国協会(NAGOMi)の理事も務める。1児の母。

家業の新規事業として外国人材を扱う組合のトップに

新興国の外国人を日本で一定期間受け入れ、実務を通じて技能を移転することを目的とした「外国人技能実習制度」。現在、約40万人の外国人技能実習生が日本全国の幅広い現場で活躍している。

茨城県つくばみらい市を拠点に活動するみらい協同組合は、外国人技能実習生を受け入れ、地域振興と国際貢献に寄与することを目的として２０１３年に設立。モンゴル人技能実習生の受け入れをスタートに、現在は９カ国からの技能実習生を受け入れている。

技能実習生の受け入れ団体は、海外側の認可を受けた「送り出し機関」と、実際に技能実習生が働くことになる日本の中小企業との間に立って、技能実習生の受け入れサポートを行う。具体的には、技能実習生の面接、ビザの取得手続き、日本語と日本の文化・習慣の教育、そして、来日後には、技能実習生の管理業務などを手掛ける。

みらい協同組合は、日本の高い技術を学び自国に生かしたい外国人と「相互協力」し合うことで、本来の外国人技能実習制度の目的を果たすこと、さらには、国籍の違う人たちが共生し合える社会の実現に取り組んでいる。2017年には、一般監理事業(優良監理団体)の許可を茨城県の組合として初めて取得した。

2018年には、文部科学省認可の日本語学校「みらい日本語学校」も開校。日本で進学や就職を目指す学生たちの日本での一歩目の場所として、日本語教育のみならず日常生活のカウンセリングや進学先、就職先の情報提供など親身なサポートを提供している。

慶子氏は、みらい協同組合代表理事、みらい日本

語学校理事長を務め、さまざまな在留資格で来日する外国人の多方面でのサポートと、国籍の違う人たちが日本で活躍し、多様な文化が共生する地域文化の創出を目指し活動している。

家業の想いを引き継ぎ、新規事業の立ち上げに挑戦

元々、みらい協同組合とみらい日本語学校での取り組みは、慶子氏の家業であるワークホールディングス株式会社の取り組みが源流にある。ワークホールディングス株式会社は慶子氏の父親である正雄氏が、人材業を軸に前身となる会社を1993年に創業したのがはじまり。その後、事業を展開していく中で、より外国人が日本で活躍できる機会を創造するための事業を立ちあげる構想が立ち上がり、その中で白羽の矢が立ったのが慶子氏だった。

慶子氏は、もともと海外や外国人、異文化交流が好きで、学生時代から日本で暮らす外国人との関わりに興味をもち、ボランティア活動などに積極的に参加していた。海外留学

やホームステイも経験しており、グループの中では誰よりも海外経験があるということは自負していた。一方で、長年、家業以外の活動を中心に生活しており、ワークホールディングスの活動とは縁遠かった。

そんな慶子氏に、父親と、当時からグループ内で活躍していた妹の綾子氏から「新規事業をぜひ手伝ってほしい」という連絡が入る。説明を受けた新規事業とは、外国人材と関わる事業。これを聞き、慶子氏の胸に、ライフワークとして考えていた海外や外国人との関わりをより深いものにできるのではという期待と、自らが海外に行ったときにマイナーな立場として助けられた経験を仕事に生かすことができるチャンスなのではという想いが立ち上がった。

ただ、この時点で慶子氏は事業のキーワードとなる「外国人技能実習制度」についてはよく知らなかった。そこで、技能実習制度について調べてみると、検索に上がってきたのは、「不法滞在」や「不法就労」などブラックな言葉ばかり。課題の多い領域であることがすぐにわかった。一方で、大学に通っている留学生の手助けや日本を楽しんでもらうためのサポートなどを行ってきた経験をさらに発展させるかたちで、この外国人技能実習制度の課題解決に貢献できるとも確信。より深く来日する外国人を支えるための活動を行っていこうと、父親と妹からの誘いを受諾し、事業への参画を決断したのだった。

農業協同組合としてスタートを切る

慶子氏が現在代表を務めるみらい協同組合のスタートは農業分野からだった。組合を組織するにあたり、拠点の茨城県が農業県ということもあり、農業協同組合として事業をスタートさせたのだ。

そして、1年ほどで外国人の受け入れができるようになり、2014年に初めての技能実習生としてモンゴル人を迎えた。最初の受け入れ先の農家は、組合役員であったこともあり、実習生に対して手厚いフォローやケアをし、実習生が毎日どう楽しく過ごせるかというところまで考えてくれていた。

その後、順調に受け入れ人数を増やしていき、20人、30人と規模を拡大していった。当時は慶子氏自身、1人1人の名前、国籍、性格、趣味までインプットし、向き合ってサポートを施す中で「これこそが受け入れだ」と感じる充実の日々を過ごした。

ただ、受け入れ先が増えるにつれて課題も出てきた。

実習生を選抜するときには、受け入れ企業と一緒に現地まで赴いたり、オンラインで面接を行ったり、コミュニケーションを取りながらしっかりと行っていても、どうしても一回の面接だけでは実習生と企業が合うかどうかの判断が難しい。

受け入れが決まり、入国したあとにミスマッチが起こってしまい、実習生が途中帰国や失踪してしまったこともあった。

こういった課題の解決や予防のため、双方が歩み寄るようにサポートすることに難しさはあったが、慶子氏は「それを苦に感じることはなかった」と振り返る。

環境の変化、生活の変化

この事業の準備期間に、慶子氏自身にも変化が訪れた。夫がインドネシアで事業を立ちあげることになり、慶子氏自身もインドネシアで生活することになったのである。日本での事業もあったため、インドネシアと日本を、行ったり来たりという状態ではあったが、そのとき、インドネシアは海外で中国に次いで日本語の学習者が多い国であり、中学校や高校の授業で日本語が必須となっている学校もあることを知った。

現地で日本語の勉強をしていても実際に日本人に会って会話をする機会はないのではないかということに加え、インドネシアも技能実習生の送り出し国の一つであったため、現地で色々勉強する良い機会だと捉えた。現地でテレアポや飛び込みを行い、技能実習生の送り出し機関や中学、高校、大学と50か所以上を回り、同時に現地に駐在している日本人にも募集をかけ「みらいプロジェクト」と名付けた「日本語交流活動」を展開した。

インドネシアでのボランティア活動に加え、日本での事業と、精力的に現場を駆け回る日々を過ごしていたが、２０１８年自身の出産が転機となり、徐々に考え方を変えていかなければいけないという思いに至る。時期的にも慶子氏が初めて関わった技能実習生たちが、実習期間の終了を迎え、帰国していく時期と重なった。

出産後、子育て優先の生活が始まり、時間的制約から自ら現場に足を運ぶ機会がぐんと減ったが、外国人受け入れ事業は順調に軌道に乗ってきていた。

慶子氏にとってはじめての子育て経験は、各国の子育て環境の違いや、自分たちの次の世代間の国際関係についてなど、これまでとまた違う角度から日本と海外とのつながりについて考えさせられる機会ともなった。

そして、2019年に設立したNPO法人みらいフォスターリエゾン国際機構では、海外の厳しい環境にある子育て家庭と日本人とをつなぐ「海外里親プロジェクト」を考案。すでに技能実習制度での取り引きで信頼関係があったモンゴルのパートナーとの連携によりプロジェクトをスタートさせた。

そんな折、2020年10月、武部勤氏を会長に設立された一般財団法人外国人材共生支援全国協会（N

AGOMi）の理事就任の話をいただいた。

自分のこれまでの経験を、また新たなステージで生かすことができるかもしれないと、このチャンスに挑戦することにした。

これを機に、日本の外国人受け入れに対する制度改正へ向けて、現場からの声を集めること、そして政府への提言という新たな角度からの外国人受け入れ環境の改善に取り組んでいくこととなった。

そして、そのころから組合の活動については運営、経営に軸をシフトした。

現在は、健全な管理経営をし、良好な受け入れ先と日本が好きで意欲のある実習生をマッチングするという点に重きを置き事業の運営を行っている。

日本語学校の設立

2018年にはみらい日本語学校開校、理事長を務めることになった。

留学生の受け入れと同時に、学校内に技能実習生の配属前研修施設を設け、自分たちの組合で受け入れる実習生だけでなく、他組合の実習生の配属前研修も請け負うことができるようになった。

実習生が入国してからすぐに開始する1ヶ月間の「配属前研修」は、外部へ委託することも可能。しかし、日本語学校の開校と同時に実習生の研修施設も設けたことで、入国から配属までの大事な1ヶ月間に実習生の生活に関わることができる。日本語の学習や日本の習慣を教えるだけでなく、「配属後にもっとも大事になる、我々との人間関係を育む時間が持てるようになったことが大きなメリットだった」と慶子氏は言う。

一方、留学生の在籍期間は1年、2年。それでもあっという間に過ぎてしまう日本語学校での生活。日本語能力の向上はもちろん、四季折々の日本の行事を楽しみ、「日本に来て良かった！」「覚えた日本語を使って、日本人とコミュニケーションを取ることが楽しい！」と思える経験をたくさんしてほしいと願い、そのような機会を設けることにも注力した。

留学生の日本語学習という点では、少しでもレベルが高い日本語の資格を取れるようにサポートし、希望の就職先や進学先に進めることを目標にしている。

日本語学校は、彼ら彼女らからすれば、異国の地での大切なファーストステップ。その大切な時間を自分たちで預かることは、とても価値のあることだと慶子氏は語る。卒業後どこに旅立っても彼ら彼女らの母校になれるのは、この事業をやっているやりがいや喜びにつながるのだという。


慶子氏はよく生徒たちに、日本の文化、日本人のルールや習慣に興味を持って楽しく学んでいってほしいということ、また日本語の習得に関しては、完璧な文法、完璧な発音で話したいから日本語が話せないなどと、コミュニケーションをあきらめないでほしいということを心掛けて伝えている。

このメッセージには、慶子氏がインドネシアで生活していた経験が反映されている。現地のインドネシア人はよく慶子氏に、完璧ではない英語とインドネシア語とたまに日本語が混じった言葉で話しかけてきたという。当初は戸惑ったが、そんな完璧じゃない言葉でも通じればコミュニケーションが取れるんだと気づかされ、今まで「完璧に話せないから恥ずかしい」と思って対話を躊躇してきた時間がもったいなかったと感じたのだ。

そして、このエピソードをもとに入学式では毎回、「どんな日本語でもいいから、恥ずかしがらずに声に出して、話すということを楽しむこと、そうすれば必ず伝わるから」と欠かさず話すようにしている。

日本語能力を向上するため、試験でいう2級、1級の合格を目指して勉強し、より良い進学先、希望通りの就職先に進む努力は大事である。しかし、日本語でのコミュニケーションを楽しめるようになることで、彼ら彼女らのこれからの日本での生活がより豊かになることを、自分自身の実体験から強く思い、留学生に伝え続けている。

異文化を楽しむ精神を大切にする

慶子氏自身、日本人が外国人と共に働く機会が増えていく中で、大切にしていることがある。それはお互いの違いを受け入れるということだ。例えば、宗教問題がよくあげられる。イスラム教などの文化の場合、1日に5回のお祈りや、口にしてはいけない物、断食期間など、日本人に馴染みが薄いゆえ、受け入れ企業側が戸惑う場面も多い。そんな文化や習慣の違いを受け入れ、お互いに歩み寄る環境づくりのお手伝いをするのが、何より大事な自分たちの役割であると考えている。

相手の文化を学び、お互いに尊重する姿勢、そして、せっかく巡り合ったこの異文化との出会いを楽しむ気持ちを持つことが重要だと考える。

「外国人技能実習生も我々日本人と同じで、嫌なことは嫌だと思うし、反対に嬉しいことは嬉しいと思う。言葉が初めは伝わらなかったとしても、心が通じないわけではないのでたくさんの手段を使って寄り添うことが大切なのだ」と慶子氏は語る。

そして、技能実習制度は導入されてから約30年が経ち、今、制度改正という新たな局面を迎えている。今後「育成就労制度」という制度に変わること

で、より良い受け入れ環境が整備され、日本人と外国人が共に活躍できるグローバル社会が、新しい日本の文化として根付いていくことを慶子氏は願っている。

自分らしさを活かしたアトツギ

あとつぎ――引き継ぐ側として当初は、その事業にあまり興味関心がない方もいるかもしれない。しかし、単純に今まであったものを引き継ぐというだけではなく、自身がしてきた経験や強みを活かして、受け継いだ事業に自分のエッセンスを入れて新しいものにしていくという考え方でよいのではというのが慶子氏の考えだ。自分色に染めていくような楽しみを見つけるぐらいの気持ちでいてほしいという。

また、等身大の自分を大切にすることも必要だという。上に立つ立場として、慶子氏も当初は立派なこと、ちゃんとした正しいことを言わないといけない、そうでないと恥ずかしい、などと思いながら会議でも発言をしていた。

しかし、立場や肩書きが変わったからといって自分自身が急に変わることはなく、結局自分は今の自分でしかない。それを受け入れ自然体であることで、当初抱えていた負い目も感じなくなったという。

そして、この自然体であることの大切さに気づかせてくれたのは、実習生や日本語学校の生徒たちだった。日本語学校ができて、生徒を受け入れ、いざ入学式であいさつをした時のことである。入念にどのようにあいさつしようかと調べて、考えを練り臨んだが、これが生徒たちには全く伝わらなかった。そこから伝えたいことを伝えるにはどうしたらいいのだろうかと悩み、結果、今では祝辞の台本は作らずにあいさつしている。目の前にいる生徒に向かって話すイメージを大切にしている。とても簡単な日本語で話しをするので、一見、稚拙な内容になってしまうというが、一方で生徒たちは皆より一生懸命聞いてくれるようになった。この経験が、慶子氏自身、自然体でいてよいのだと思わせてくれるきっかけになったのだ。

以降、社内やお客様先で話す際も、作られた言葉を使って結局誰にも届かないのなら、自分の言葉で伝えようと思うようになった。「人前で話す」という意識から「思いを伝える」という意識に変えてくれたのは、「言葉」ではなく「思い」を、一生懸命受け取ろうとしてくれた生徒たちの姿だった。生徒が慶子氏を育ててくれたといっても過言ではないと感じている。

ときには、自分よりずっと経験ある人たちの前で発言するような場面もある。そんなときに立派なことを言おうと取り繕っても、自分は今の自分以上の何者かになれるわけではない。どんなに立派な言葉を引用しても、自分の思いがない言葉は無意味で、誰の心にも響かない。だからこそ「自然体」を意識し、自分の中にある言葉だけを使って発信することで、思いが伝わり、受け入れてもらうことができる。

これからも、「リーダーになるという意識より、自分自身がこの環境で育っていく」ということを軸に置き、日本人と外国人材が共に活躍できる社会の創造に向けて邁進していく。

経営者だからこそ
前向きに、
明るさで会社を牽引

ワークホールディングス株式会社
代表取締役社長

片庭 綾子

1980年、茨城県生まれ。人材サービス事業を中心に、介護・保育事業、不動産事業、旅客運送事業など業種は多岐にわたる。2014年に第1子を出産し、現在はシングルマザーとして子育てにも奮闘中。青年会議所、商工会議所、ライオンズクラブなどに所属し、地元地域貢献にも携わる。

「人」と「働く」を結ぶワークホールディングス株式会社

ワークホールディングス株式会社は、茨城県を拠点に、「人財」を中核として、さまざまな社会生活シーンのインフラサービスを創造する企業グループ。「働くを支え、人々を幸福にする。」を企業理念に、人材サービス業、人材派遣などの人材紹介業、外国人実習生・特定技能の受け入れ支援等を中心に事業を展開する。M＆Aも積極的に実施し、介護施設の運営、不動産事業、タクシー業とともに、アルミ部品の製造なども手掛けている。地域密着、地元経済の発展に軸足を置き、人材サービスと各事業との相乗効果を生かしながら、事業を展開・拡大し、グループ全体での地域サービスの提供を志し、広範な事業領域をカバーしている。

ワークホールディングス株式会社の起源は、現社長の片庭綾子氏の父親である片庭正雄氏が１９９３年に、有限会社アクトを設立したことに遡る。そして２００５年にグループ会社の純粋持株会社として、ワークホールディングスが設立された。２０２３年12月時点でグループの構成会社は10社にのぼる。従業員は、正社員、パート、アルバイトを含めるとグループ全体で200人（2024年6月時点）。これに派遣スタッフの方を加えると、全体で1000人以上が稼働している。

アルバイトとして家業に関わる

父親が創業した会社ということもあり、綾子社長の身近には常に会社の活動があった。そのため、綾子氏自身、高校生の頃から、アルバイトとして家業の手伝いをする機会があった。人材事業を営んでいたこともあり、会社主催の就職紹介イベントなどを定期的に開催していたのだ。

このイベントで人手が足りないときに案内係などとして駆り出されることがあった。

綾子社長は女2人、男1人の3人姉弟の次女ということもあり、もちろん当時は自身が会社を承継する立場になるというような意識はまったく頭になく、遊びの延長のような感覚で手伝いをしていた。福祉の学校を卒業した綾子氏は、実家の会社には就職せず、まずは服飾関係の企業に就職。その後、学生時代に学んだ福祉の道への転身を志す。その転職期間に、一度実家に戻り、事務の手伝いとして時給８００円のアルバイトを始める。これが本格的に実家の事業に関わるきっかけになった。

家業の手伝いは、あくまで転職活動中の一時的な仕事のつもりだった綾子社長は、転職活動の末、いくつか福祉関係の企業の内定を獲得する。本格的に福祉の道に進むことを決め、社長を務めていた父親への相談はそこそこに当時の事業部長であった横山氏に辞める意思を伝えた。

するとその日の夜「ちょっといい？」と、横山氏からファミリーレストランに呼び出された。恐る恐る席に着いた綾子社長に、横山氏は当時の会社の状況や、将来こんな風に事業を展開できたら面白い、という想いを伝えた。そして綾子社長に「転職はもっと後でいいんじゃないか」というアドバイスを送ったのである。

この言葉を受け、綾子氏は転職を先送りにし、もう少し家業の手伝いを継続することを決心。当時はまだ福祉職への憧れもあり、すでに福祉の資格を取得していたので、その気になればいつでも福祉の道に転職できるという考えが頭にあっての決断だった。しかしそこから、一緒に働く社員ともどんどん仲が深まり、同世代のメンバーが多かったこともあって気づけば家業の仕事にのめりこんでいた。

突然訪れた代表職就任

そんな綾子氏に、本格的に事業承継を意識する機会が唐突に訪れる。

２０１０年、グループ子会社の代表職を引き継ぐことになったのである。理由は、当時の社長だった父親の市長選出馬である。

綾子氏は、正雄氏が市長になると会社経営を降りる必要があることを認識していなかったため、この引き継ぎはまさに青天の霹靂だった。突然の事態ではあったが、キャリアを重ね、仕事も十分にこなせるようになっていたことと、当時は家族で会社に所属しているのは綾子氏だけだったこともあり、父親が離れている間を守っていこう。という想いに背を押され、「まずはやってみよう」という気持ちでグループ２社の代表職を引き継ぐことを決めた。

綾子社長が代表権を引き継いだ2社は、人材関係の会社と業務請負を行っている会社であった。そしてほかのグループ会社の代表は、かつて綾子社長をファミリーレストランで夜な夜な説得した横山氏が務めることになった。

代表権を引き継いだ綾子社長であったが、横山氏もいたため、社長業ということよりもとにかく勉強の期間という意識が強く、まずは自らが課されたことをしっかりやっていこうという想いが強かった。実はこの時点でも将来的に自らが事業承継をするという意識はまだ芽生えていなかった。

立場と共に広がる活動

子会社の代表を務めることになったことで綾子社長の活動範囲は広がっていく。

まずは営業活動である。外で1人の担当者として活動することはなかったが、営業としてどのような活動が必要かを現場に出ながら学んでいった。

そして経理。ここでは「とにかく会社の数字を見れるようになれ！」と横山氏から次から次へとこの本を読め、と課題を与えられるようになる。

当時はなんでこんなにやらなければならないのかと感じることもあったが、それも現在振り返ると大きな糧になっていると感じる。当時の綾子社長は、社外の仕事と社長の仕事を両輪でどんどん吸収していった。

そして、代表という立場についたこともあり、交流の場に参加する機会が格段に増えた。地域の商工会やライオンズクラブ、ＪＣ（青年会議所）の活動

にも参加するようになった。

元々は、交流会や名刺交換会などにも苦手意識が高かった綾子社長だったが、人と会う機会を重ねるなかで、人と話していることがすごく楽しいと感じている自分に気づく。もし現在のような立場になければ、もっと控えめな生活をしていたかもしれない。新たな立場がこれまで気づいていなかった自身の側面を引き出してくれたのだ。

交流が増えることで、地元の横つながりも広がり、何か困ったらこの人たちに連絡すればいいという見立てを得たり、「人が足りないから人を紹介してよ」などと声をかけてもらえたりなど直接の仕事につながるケースも増えた。


通常の親から子への事業承継の場合、会長職、相談役という具合にある程度段階を踏んで、引き継いでいくのが一般的かもしれない。しかし、綾子社長の場合、特別だったのは、父親と綾子社長との引き継ぎの間に、もう1名横山氏という存在があったことである。

当初は、会社経営というものを、果たして自分自身でやっていけるかに対してもあまり現実感はなく、綾子社長は横山氏についていくことに必死だったと振り返る。綾子氏の場合は、立場が変わったことで一気に気持ちが入れ替わったというわけではなかった。経営者という立場になり、その環境で必死に仕事に向き合い、同世代・先輩経営者らの振る舞いなどを見て学びながら、少しずつ気持ちが変化していった。

エンジンのかかりは遅かった方かもしれないが、徐々に責任感が育まれ、綾子社長自身の中にも、会社をこういう風にした方がいい、こういう風にしていきたいという感情が芽生えるようになった。

グループ全体の事業承継とこれから

綾子社長が、創業者の父親、2代目の横山氏から全ての事業の代表権を引き継いだのが、2023年11月。ワークスタッフ株式会社のほか、株式会社常陽コーポレーション、有限会社クラフツメディア、常陽インダストリー株式会社、そして母体であるワークホールディングス株式会社の代表取締役社長に就任した。

具体的な引き継ぎも順調に進んでいるが、気持ちとしては、正直なところワクワクやドキドキよりも、不安の方が大きい。
普段の業務は問題ないが、やはりトラブルや有事の出来事が起こった際に、現在の自分と、今までの代表者を比べると、外部からの印象が違うということを感じている。そして、それが会社自体の印象に影響しないかという心配はあるという。人と接するのは好きだが、人前に出て何かを話すことや、目立つことをするということにはまだ苦手意識がある。とはいっても、これから人前でしゃべらなければいけないことはたくさん出てくることになるので、こうした立場を理解しながら、克服していこうと前向きに捉えている。

事業としては今後、すでに業種自体は多いので、業種を増やすということではなく、今ある会社の財産をもとに、シナジーがあってつながっていけそうな事業に挑戦したいと綾子社長は考えている。こうした考えの基盤には、人にまつわる事業をやっていることが大きい。人をきっかけにすればどんな事業にもつなげていける。それこそ、つながりのある企業はさまざまな業種があり、そこにも面白味があると感じている。

例えば、２０１４年には、「高齢化社会」「女性が活躍する社会」の進展に備え、新たに介護・保育事業に参入。老人ホームの運営と小規模保育園の運営を開始した。この分野における経営ノウハウの習得と、中核である人材・教育関連事業との相乗効果を狙ってのことである。

もともとは普通のサービス付き高齢者住宅をそのまま譲り受けたかたちだったが、その後、地域の福祉ニーズに応えるため、やはり訪問看護も必要だと判断。２０１９年に訪問看護のライセンスを取得して、その事業範囲を拡大した。そして、1棟のみだった施設を2棟に増築するなど、引き受けた状態から工夫を加え事業を前進させている。

一方で、事業承継をして、会社経営に関わる中で、難しさを感じることも多々あると綾子社長は話す。

例えば、会社の組織体制や社内人事面では、大きな組織であるがゆえ、情報伝達に課題を感じることが多い。会社の福利厚生の周知一つをとっても知っている社員と、知らない社員での開きが大きいのだ。この福利厚生の周知の徹底や、さらなる充実によって、会社としてもレベルアップしていけると捉えており、同領域への投資は今後もしっかりと行っていく方針だ。

「会いに行く」文化をこれからも

綾子社長が、会社の考え方で特に大切にしたいと考えているのが「人との接し方」である。とにかく人に会いに行く。お客様のところ、派遣スタッフのところでも自らの仕事に関わりある人には直接足を運んで、会いに行くということである。これは創業者である父親の教えでもある。もちろん、現代は電話、メール、オンライン会議、SNSなどさまざまなコミュニケーションツールがある。これらと比べると直接会うのには時間がかかる。電話やメールであれば1日に何人もの人とコミュニケーションが取れるが、直接となればやはり数は限られる。

しかし、綾子氏はこの会いに行く文化を残していきたいと考える。「とにかく仕事は人との縁だから、そこだけは絶対に変わらない」というのが父親の教えだ。そして、綾子氏自身の実感としても、人とのつながりは結局何かの縁だから、どういうかたちで将来自分の助けになるかもしれないし支えられるかもしれない。だからこそ、そこはとにかく大事にしていきたいという想いがある。

一方で、大切に残していきたい部分と表裏一体ではあるが、最新の部分もしっかりと取り入れていきたいという。必ず人に会う・同じ空間でモノをしゃべる。ということは残して、それ以外の便利なツールは積極的に試し、活用していきたいという。

コミュニケーションの機会を大切に

事業承継前からも長く会社に関わってきた綾子社長は、基本的に自然体で関わる人と接しているという。ただ、立場が変わったタイミングで、一緒に働くメンバーに対して、自身の想いをちゃんと伝えるということに意識が向くようになったのは大きな変化だ。例えば、直接会うのがなかなか難しい人や最近話せていない人には自ら電話をしたり、あえて相談を持ちかけてみたりすることがある。お互い忙しいことはもちろんだが、相談が一つのコミュニケーションのきっかけにもなりうると考えるからである。もともとずっと一緒に仕事をしてきた仲間でもあり、人柄も把握はしている。

しかし、立場も変わることで、やはり周りとの関係性が少しずつ変わってきていることは感じていた。

そこであえて、忙しい合間をぬって、電話をしたり、相談をしたり、コミュニケーションの機会を意図的に多く設けることを意識するようになった。

先陣を切って前向きを波及していく

綾子社長は、自身の性格について、物事を考えるときは結構突き詰めるタイプではあると話す。しかし、嫌だなとか辛いなとか感じることに対しては、あえてそこまで考えないようにすることを心掛けている。常に意思決定が求められる経営者は、とにかく前向きに考えていかないと何事も進まない。このため何かがあったとしても、他の人たちには波及されることがないよう、人の前では常に明るく努めるように意識している。

文句を言いたいことがあっても、わーっとまくしたてるのではなく「そうだよね」「あぁだよね」というように言葉のキャッチボールをして、あまり後ろ向きに物事を考えない、そして表現しないようにしている。元々は、ネガティブ思考のタイプであったというが、自らがネガティブだと周りに波及して、全体がネガティブになってしまう。こうした意識から、言い方一つにも気を遣うようになった。

父の創った会社を守るというきっかけから、必死に経営に向き合う中で次第に自身の中に経営者としての責任感を育んできた綾子社長。代表という立場は、自身のコミュニケーションが好きな一面にも出会わせてくれた。この一面が綾子社長らしい、一緒に仕事をしてきた仲間を大切にし、明るく前向きな経営姿勢へとつながっている。これからも、「会いに行く」を中心としたコミュニケーション力を基盤に、さらにレベルアップしていくことを目指し、今ある会社の財産を広げていくことに取り組む。

深い愛情でテントの可能性をどこまでも

今泉テント株式会社
代表取締役
今泉 知久

膜の可能性を信じ、革新的な挑戦をモットーにしている。
日本で最初に長寿命のテント住宅を隈研吾氏と設計し自宅にする。
世界最大の仮設テントを手掛け世界一大きい仮設テントのギネスを取得。
現在は観光施設やスポーツ施設のコンサルプランニングも手掛ける。
宇宙にテントを張ることが目標。

テントの魅力の伝道師

「テントは麻薬」──。

この印象的なセリフを話すのが、新潟県長岡市の今泉テント3代目、今泉知久社長。社名にもあるとおり、今泉テントでは「テント」を使った建造物の施工を主力事業としている。テントと聞くと、キャンプや運動会用の組み立て式テントなどが思い浮かぶが、今泉テントが手掛けるのは、テント生地を屋根や外壁、内装、外装などに使った倉庫やスポーツ施設などの大型建築物。今泉社長は、自らを「テント屋」と呼び、半世紀前に祖父が立ちあげた会社を引き継ぎ、テントの魅力を伝え、テントの可能性を広げるべく奔走している。

「木造」「鉄骨造」「鉄筋造」などが主流の日本の建設業界において、テントを使った「膜構造建築物」は今、新しい技術として注目されている。テントの魅力は何といってもその軽さ。一般的に使われる板金だとだいたい1㎡あたり10キログラムほどの重さだが、テントは1キログラム以下。梁も細くできて、柱も立てなくていいため、加工に優位性が生まれる。軽量で扱いやすいため、屋根としてかぶせると広くて自由度の高い空間をつくり出すことができる。さらに、透光性が高く、自然光の明るさを取り込めるため、照明代の節約にもつながる。実際、日中だとコンビニエンスストアの店内と同じくらいの明るさを確保することができる。薄く軽いため、ほかの建設資材に比べて製造にかかる環境負荷も少ないとされている。

テントを使った代表的な建築物としては、日本初の屋内野球スタジアム「東京ドーム」や、東京駅の商業施設「東京駅八重洲口グランルーフ」などがよく知られている。有名な建築物以外にも、近年はテントを使った大型建築物は増加している。中でも、最も重宝されているのが、今泉テントも主力事業としている「テント倉庫」だ。鉄骨を組み立てた上にテント素材を張ってつくる。

倉庫が必要となるメーカーや物流企業の経営者が口をそろえるのが「お金を生むものにお金をかけたい。倉庫は必要最低限のものでいい」という言葉。業務上、倉庫の設置は必要になるが、できれば箱物より、将来につながる人材や設備などに投資を回したいと考える経営者は少なくない。低コストで導入できるテント倉庫は、企業のこうした需要を取り込んでいる。テント倉庫は一般的な鉄骨造の倉庫に比べて、建設コストの大部分を占める鉄骨の使用量を半分以下に減らすことができるため、大幅なコストダウンが可能となる。また、シンプルな構造のため、施工期間も短く済む。このため、一度テントを導入した顧客はその安さと手軽さに魅了されて、次に何か建築物を必要とする時にも「テントでできないか」とまずはテントありきで検討するようになる。今泉社長が「テントは麻薬」という言葉を使うのは、テントにこうした「中毒性」があるからだ。

日本の土地柄にも合っている。日本はもともと水田で地盤が軟弱である土地が多い。建物を建てるときには地盤に見合った基礎工事が必要となる。特に軟弱な場合は、地下数十メートルに杭を打ち込む工事が必要になり、これだけで数億円単位の費用が発生するが、鉄骨などに比べて軽量なテント倉庫ならばこの基礎工事が容易にできる。今泉社長は「地盤が悪い地域のお客さんには、特に『中毒』にするつもりで営業している」と冗談を交える。

拡大するテント建築物の市場

業界では「膜構造物」と呼ばれるテントを使った建築物の本格的な普及のきっかけとなったのが２００２年。建築基準法の告示において、膜構造がほかの一般的な構造方法と並ぶ位置付けになり、これまで建築に必要だった特別な審査や認定がなくなり、通常の確認申請だけでできるようになった。建築のハードルとなる手続きが簡略化されたことで、大型テントの建築物は倉庫をはじめ、屋内のスポーツ施設やプラントなどといった分野で広がった。テントの建築物は、大型になればなるほどコスト面や施工工期のスケールメリットが出てくる。まさにテントの強みを生かせる大型市場が開けた。

テントの施工業は大型で設備投資もかさむほか、細かい素材の加工ノウハウなども必要となるため、新規参入が活発な業界ではない。競合企業は、ほとんどが昔からテントをやっている老舗の同業者。現在は、これまでの建築物にテントを取り入れたり、テントに置き換えたりするかたちでテントの需要を創出し、テント業界全体でパイを増やす努力をしている状況だ。今泉社長も持ち前のコミュニケーション能力を生かして、テントの良さを業界の垣根を越えて発信している。おかげで今泉テントも足元の受注は順調。「テント倉庫が1棟建つと、その工業団地はテント倉庫が3、4棟建つ。ありがたいことに導入したところが自然と営業してくれる」と口コミ効果も大きく寄与している。

今泉テントは、主力のテント倉庫以外にも、環境施設や公共施設、工場、スポーツ施設、レジャー・アミューズメント施設など、幅広いジャンルの施工を手がけている。バイオガス保管に使われるテント生地製のタンクは日本でトップシェアを握っている。

２０１９年、東京都練馬区の光が丘清掃工場の老朽化に伴う建て替え工事では、解体時に周辺の住宅に騒音、粉じんなどの飛散を防ぐことを目的とした、工場棟全体を覆う超大型仮設テントの施工を担当。体積43万１５４５立方メートル、高さ45・９メートル、長さ１５０メートル、幅77・３メートルの超大型仮設テントは「最大の負圧密閉式テント」としてギネス世界記録にも登録された。消費者にも近い、グランピング向けやサウナ向けのテントなどに加え、施工やデザインに関するコンサルティングなども手がけている。利益には直結しない案件もあるが、テントの普及期ということもあり、依頼のあった案件はできるだけ引き受けるようにしている。こうした小さなつながりから、大型案件の受注につながった例も少なくない。

今泉テントの強みは、テント建築物の設計、製造から施工、メンテナンスまで一貫して自社で行える体制。テント素材の加工のほか、鉄骨加工も自社で行っている。テントが建築において活用されるようになったのは、テント素材そのものの進化と、テントを建築に組み込むための周辺技術の発展が大きい。日本のテント建築物では、「不燃」と「難燃（防炎）」の素材が使われている。不燃は、火がついたときに一定時間、炎が裏面まで貫通しない「燃え抜けない生地」のことを指す。グラスファイバーと呼ばれるガラス繊維の基布にフッ素樹脂や塩化ビニール樹脂で表面をコーティングして製造し、耐久性の高さが特徴。難燃(防炎)は「火がつきにくく、着火後も燃え広がる速度を遅らせることができる生地」を指し、ポリエステルなどの繊維に塩化ビニール樹脂などでコーティングして製造する。このようにテント素材は使用する素材と加工の組み合わせにより多機能性を付加することができ、世界的にみても厳格な日本の建築基準法や消防法の基準もクリアしている。技術の進歩により、安全で耐久性のある素材へと進化を続けているのがテント素材なのだ。

テントの可能性を示す「テント住宅」

ただ、新しい構造方法であるテントの建築物に対して不安を示す人がいるのも事実だ。初めてのお客さんからは「耐久性、大丈夫?」「台風で飛んでいかない?」「雪は? 結露は?」などの質問が必ずと言っていいほど出てくる。今泉社長が何より悔しかったのが「所詮テント。安かろう、悪かろうじゃないのか」と言われることだった。

そこで、世間がテントに持つ負のイメージや不安を払拭するために手を打った。テントの安全性を示すため、自腹を切って、居住用のテント住宅を建てたのだ。住宅にテントを応用するのはおそらく日本でも初めての挑戦。どうせやるなら日本一の建築家にお願いしたいと、ダメ元で別の仕事で一緒になった隈研吾氏に設計を打診した。隈氏といえば、新国立競技場の設計を手がけるなど日本を代表する建築家だが、日本でも珍しい本格的なテント住宅の建設プロジェクトに「面白い挑戦だ」と快諾してくれた。

テント住宅は2014年、今泉テントの本拠地である新潟県内に完成した。積雪にも耐えられるよう傾斜になったテント膜の屋根は、夜になると白い膜から室内の照明が格子柄に浮き上がるスタイリッシュなデザイン。室内には日中、柔らかい自然光が差し込む。今泉社長は完成から現在に至るまでこの住宅で生活をしている。お客さんには驚かれるが、自分がここで暮らしていることが、何よりもテントの安全性や耐久性の証明となっている。

祖父創業の今泉テント

今泉テントは1968年、今泉社長の祖父の時代に、自動販売機の雨除けテントや民家の庇、学校用テントといった小型テントの製造業として創業した。その後、1970年に開催された大阪万博のパビリオンで大型テント膜構造が採用されていたことに着目。さらに小型テントの需要減などを受けて、現在の膜構造建設業者に発展した。父親の代でテント倉庫建設の基盤を築いた。今泉テントが現在の規模まで成長したのは間違いなく父親のおかげだ。

今泉社長は20代後半で今泉テントに入社。小さいころからテントに囲まれて成長した。テントは好きだったが、当時は特に「あとつぎ」を意識していたわけではない。地元の高等専門学校を経て、大学の理工学部に進学。25歳まで学生生活を送った。大学卒業後は、自分に向いていると思った営業職を選んで素材系の商社に入社した。社会に出て日々素材を売り込んでわかったのは「テントほど売りやすい商品はない」ということ。ハマらないお客さんにはハマらないが、ハマるお客さんにはぴったりハマる素材。パイが狭い分、顧客ターゲットが絞りやすく、結果も白黒はっきり出やすい。社会に出て改めて、家業のテントを事業の視点で見つめ直す機会となった。すると次第に、家業に思いを巡らすことが増えてきた。幼少の頃から、会社や工場が遊び場で、職場や働く社員をよく見てきた。両親には25歳で社会人になるまで好きなことをやらせてもらったので、さすがに恩返ししなければという思いも高まった。商社入社から3年ほど経ち、仕事にも一通り慣れたところで実家に戻ることを決めた。

今泉テントに入社した直後に待ち受けていたのが、アメリカの株価大暴落に端を発した世界金融危機「リーマン・ショック」だった。今泉テントもリーマン・ショックから1年ほどたった２００９年から経営に大きな影響が出始め、24億円あった売上高は、６億円まで落ち込んだ。近隣の会社は受注減で3ヶ月１００連休を実施しているところもあった。今泉テントも従来のテント事業だけでは厳しい状況になった。当時はちょうど本社移転の直後だったため、借入金の返済なども重なった。何とか売り上げをつくるべく、今泉社長は前職で培った営業力を生かして、あらゆる集まりに顔を出し、あらゆるところに事業提案に出向いた。イベント関連など本業から派生するようなコンサルティング事業などもニーズがあるものは全て引き受けた。

取引関係のあるメーカーなどを回り、新たに、生産工場で正規品の品質条件をクリアできなかったB級品、C級品の産業資材を集めたアウトレット販売も立ちあげた。通常、メーカー側もロス発生分を含めて生産計画を立てているため、こうしたB級品やC級品は市場に出回りにくいが、購入側にはアウトレットの品質でも十分なので安く資材を手に入れたいという需要が一定数あることも知っていた。突然の大不況下で、わずかでも売り上げを作らなければいけない企業と、できるだけ安く仕入れたい企業のニーズを結んだ。これも今泉テントが、公共事業に依存するのでなく、民間企業との取引を幅広く手がけていたことが奏効した。日常的に企業間のつながりがあり、企業の現場の生の情報を把握できていたため、危機的な状況でもすぐに動くことができた。今泉社長の営業力も貢献した。

こうした施策の積み重ねで、リーマン・ショック後、1年半くらい続いた危機的状況を何とか乗り切ることができた。リーマン・ショックの余波が去ったのちは、営業を中心に社内のさまざまな部署で業務経験を積んだ。

2022年1月、社長だった父親が体調を崩したのを機に社長を引き継いだ。入社から10年以上経ち一通り現場も把握。リーマン・ショックや新型コロナウイルスの流行といった会社の緊急時も経験した。何より、幸いなことに父親も回復して会長職で会社に残ることができたため、社長になったとはいえ特別大きな変化は感じなかった。

あえて言えば、社長という肩書きが加わったことで営業がしやすくなった。営業畑の今泉社長。現在も外に出向いて積極的にテントの発信に努めているが、以前に比べて自分が発する言葉にじっくりと耳を傾けてもらえることも増えた。3代で築いてきた「今泉テント」の社長という重みを感じている。

アトツギならではの「テント愛」

今泉社長は「一族の中で一番テント好きなのは、私」と自信を持っている。創業者の祖父はテントという素材に着目して事業を起こし、父親はテントの大型化によって会社を成長軌道に乗せた。先代にとってテントは商売道具であり、生活していくための手段だったが、後継者の良さは「純粋に商品を愛せること」だ。幼いときから生産現場が身近にあり、組織や社員、商品に囲まれて育ち、自社におのずと愛情が育つのは、家業のあとつぎならではだと感じている。もし自分が、新しい事業で創業していたら、エグジットがゴールになっていたかもしれない。

一方で、家業は「損得抜きで、守っていかないといけない」という揺るぎない動機が原点にある。実際にあとつぎを経験してみて、こうした事業への愛情やプライドこそ、ものづくり大国日本で長らく引き継がれ、大切にされてきた精神ではないかと実感している。

3代目の自分の代では、テントの可能性を広げていくのが使命だ。素材の進化や、法整備などテントにとっては追い風の状況が続いている。それでもまだテントは知る人ぞ知るという素材で、活用方法はもちろん、存在も十分に知られていない。どうしたら、広くテントの魅力を伝えられるか、日夜考えている。

会社を引き継いでから間もないが、さっそく社内改革も取り組んでいる。今後の課題は、人手不足だ。少子高齢化による労働力不足は日本全体の社会問題で、特に中小企業はいち早くしわ寄せを受けることとなる。今のところ今泉テントでは、事業拡大に合わせて社員も増え、新卒採用も問題なくできているが、それでも今後は今泉社長が会社に迎えたいと考えている「情熱のある人材」を確実に採用するのは難しくなるとみている。地方の中小企業にとって「働きたいと思われる会社」への改革は喫緊のテーマになる。

働きやすい会社にするため、まずは休みを増やした。社員の朝の時間の融通が利くよう、朝礼の時間も後ろ倒しにした。さらに工場の作業着をモデルチェンジした。仕事後にそのまま飲みにいける作業服をコンセプトにして、おしゃれなデザインを取り入れた。中小企業にとって、まずは求職者の選択肢に入る会社にならなければならない。人手不足下での人材確保に向けて、外から見てわかりやすいところから変革している。

これからは給与体系の見直しにも取り組みたいと考えている。今泉テントには高等専門学校卒業後などに入社した優秀な技術職の社員も多く、「絶対にほかの同級生より稼げる会社にする」と宣言している。製造業にとって技術職、いわゆる職人は会社を支える柱だ。早く社会に出て技術習得を積み重ねた社員が、学歴に関わらず賃金面でも報われるような会社にしていくのが目標だ。

テントで実現したい夢

今後は新規分野にも力を入れていく。その一つが、建物の外観にテントの装飾を施す「ファサード事業」だ。ファサードは遮熱性能が高く、屋外の直射日光を受ける面などに設置すると室内のエアコン効率を高めるといった実用的な効果が見込める。例えば、工場の西面や南面などに設置するだけで、工場内の室温上昇を抑えることができる。実際に、ほぼ赤道直下で1年を通じて高温多湿のシンガポールでは、すでにファサードを設置した色鮮やかな建築物が街中に並んでいる。テント同様、ファサードも低コスト短工期で施工できるため、工場や会社への導入で、遮熱性能を生かした労働環境の改善などで一役買うことができるとみている。

また、ファサードは「建物に服を着せる」という表現がよく使われる通り、建物にデザイン面での貢献もできる。日本はコンクリートで無機質な建築物も多いため、ファサードを取り入れるだけで、建物の外観に特徴や彩りを出すことができる。古い社屋を建て替えるのではなくリフォームとしてファサードを取り入れるといった使い方も推奨している。

また、海外も視野に入れている。実際に韓国や台湾などでは取引が始まっている。韓国や台湾でも一般的なテント素材であれば自国内ですぐに手に入り、現地で調達した方が安いが、日本製のテント素材で施工したいというニーズがある。それは、日本のテント素材が、世界屈指の厳しさといわれる日本の消防法をクリアしているからだ。建築や素材などに関わる人であればみんな日本の消防法の厳格さは知っている。現地でも安いものだけが求められているわけでなく、安全性を最優先にしたいという需要も高まっている。火災発生時に炎の広がりを抑えるなど不燃性を備えた安全なテントを求める声は一定数ある。たびたび厳しすぎるとの指摘が上がる日本の消防法だが、海外展開において「ジャパンスタンダード」は大きな武器になり得ると感じている。

そして「これは私の妄想」と前置きしつつ、今泉社長はテントの可能性を見据えた大きな夢を語る。テントを宇宙に展開することだ。「テントは軽量、コンパクトで施工が早い。

高機密で加工すれば多機能を持たせることもできる。宇宙で役立たないわけがない」と力を込める。テントの宇宙進出は、まだ目標の段階。具体化はしていないが、宇宙の船外活動におけるテントの活用など「月にテントを立てるということを目標に日々やっている」と夢は膨らむ。将来のテントの宇宙進出に向けて、日々、技術を積み重ねている。

新たな建築方式として広がりをみせるテント建築物。テント建築物が解決できる社会の課題は多いと考えている。テントはまだ開拓余地を多く持つ「ブルーオーシャン」の市場。切り口次第で、幅広い分野に応用が利く素材・技術だ。今泉テント3代目の今泉社長は、好奇心とフットワークの軽さ、そしてテントへの深い愛情を武器に、テントの新たな活躍

の場を開拓していく。

地元密着で
唯一無二の
不動産企業に成長

ありがとうございます株式会社
代表取締役社長
島勝 崇公

2002年、ありがとうございます株式会社入社。2011年に代表取締役就任。

同社は、1991年に徳島県吉野川市にて開業し、2002年より徳島県徳島市でも営業を開始。賃貸仲介・売買仲介・賃貸管理・リフォーム等の不動産に関する業務を幅広く行っている。

「お客様の住まい・空き家に関する不安をなくし、徳島をもっと好きになってもらいたい」という思いをもとに日々活動中。

管理戸数は、2022年時点で、徳島市・吉野川市を中心におよそ2700戸まで成長。

全国と徳島の橋渡し役として、住まいの安心を広げていく。

徳島県で誕生した「ありがとうございます株式会社」

現在、徳島県を拠点に不動産の賃貸・売買の仲介業務や賃貸不動産管理業務を営む「ありがとうございます株式会社」。強みは、徳島県内の物件取扱件数がトップクラスであることだ。地域に根付いた企業として、不動産はもちろん、徳島の地域にまつわる幅広い情報を駆使して、地元密着の姿勢を貫いている。現在の島勝崇公社長は2代目のあとつぎ社長。ただ、1992年の創業当初の事業は現在と少し異なっていた。

1991年、インターネットや携帯電話のない時代。当時は、家探しが必要になると自分の足を運ぶことでしか物件情報を得る方法がなかった。つまり、不動産業者の良し悪しが家探しの成功を左右した。このためトラブル発生も多く、家を探している人からすると、安心して部屋探しができないという状況だった。そこで、「各地の信頼できる優良な業者さんをネットワークでつなぎ、相互送客しよう」という目標を掲げ、島勝社長の父親・伸一氏が「ありがとうございます株式会社」を立ち上げた。本部機能としてのネットワークを構築するために、父親は全国47都道府県の業者を回った。しかし、この地道な方法での枠組み構築は、企業として利益をあげるという観点ではかなり厳しいものであった。

その後、会社を存続するために不動産仲介業を開始。アパートメントマンションレンタルネットワークに参加すると、そこで全管協という全国賃貸管理ビジネス協会、また日管協と呼ばれる全国日本賃貸住宅管理業協会に、「変なこと、変わっていることをしている奴がいる」と、福岡と北九州の不動産会社の社長を紹介された。そしてこの２人に抜擢されるようなかたちで、地元で賃貸仲介管理という分野に着手することを勧められた。この勧めを受け、当時稼ぐことが必要だった伸一氏は地元である吉野川市鴨島町で賃貸仲介と、細々ではあるがその不動産管理業を始めた。この出会いこそが、ありがとうござ

います株式会社が不動産業へ本格参入するきっかけとなった。

家業に芽生えた小さな情

島勝社長が家業に対して小さな思い入れを抱いたのは、まだ大学に在学していたころだった。ある夏、突然父親から連絡を受けた。「徳島市内にも店を出そうと思っている」と。もともと店舗を構えた吉野川市鴨島町の商圏だと、将来的に安定的な収益を生み出し続ける見込みが少なかった。そこで、人口も多く将来性のある徳島市内に店舗を進出するにあたって、出店候補の2か所からどちらがいいと思うか意見が欲しい、と相談を受けた。島勝社長が選んだのは、現在本店のある場所のすぐ近く。たったこれだけの

会話だったが、その年の末、島勝社長が選んだ場所に、新店舗がオープンした。意見が通ったのだ。

思い返せばこれは父からの誘い水だったのかもしれない。このとき、自身の意見が通らなければ、父の立ち上げた会社に情を抱くことはなかっただろう。代々起業し商売をしてきた家系柄、ずっとサラリーマンをするつもりでもなかった。当時、明確に「社長になる」という思いは抱かなくとも、この会社に対するリーダーシップのような小さな気持ちが、後の承継に向け決心する後押しとなった。

大学を卒業した島勝社長は、大阪で1年、徳島で3年のサラリーマンの経験を積んだ。そしてその後、父親の会社に入社。2002年のことだった。当時、父にも自身にもあとつぎという意識があったかどうかはわからなかった。入社後、最初に配属されたのは地元・鴨島の店舗。半年ほど勤務し、翌年1月からは現在本社のある徳島市内の店舗へ異動した。

入社時のことを振り返って、「何もないところからのスタートだった」と島勝社長は話す。当時、業務は「媒介」という売買契約のお願い回りで得た物件を父親が広告宣伝を行うという流れが主だった。業界へ足を踏み入れたばかりで知名度もツテもなかった会社には、家主さんとのつながりなど一切なかった。そのため、仲介させてもらえるようお願いしに足を動かす、とにかく営業することが必要だった。家主さんを訪れ、売買契約のための直接取引を行う。最初はこれをひたすら繰り返していた。

営業を回るにあたって、配属された徳島市内は島勝社長にとってほとんど縁のない土地だった。大学生活も県外で過ごしたため、地域を車で走った経験もほとんどない。同じ徳島県であっても、ただ微妙に「同郷」というつながりがある程度で、むしろ知り合いや友達もいなかった。そんな無縁の土地で、0からスタートをきったのが、島勝社長が27歳のときだった。

徳島市内で2、3年働くと、契約成立によって徐々に人材管理の業務も増えてきた。人材管理では、部屋の不具合や困りごとなどの現場対応や家賃の集金、また退去の手伝いなどを行う。そのタイミングで、徳島市内にもう1店舗、さらにその後、徳島駅前にも新しく1店舗開店した。事業が波に乗り始めたように見えたが、最初の出店から7年後の2011年にこの2店舗は退店する運びとなった。残ったのは現在の本店である徳島田宮店と、鴨島の店舗のみとなる。この2店舗に絞り、もう一度立て直そうという中で訪れたのが、島勝社長の社長就任だった。

社長として社内体制の立て直しへ

島勝社長が就任したとき、会社の内部体制は決して良いとは言えない苦しい状況だった。伸一氏の退任もまた、この体制を改善するために責任を取るというかたちのものだった。

就任直後、島勝社長は最大の課題であった財務面を中心に体制の見直しに着手した。契約を取るため、外へ出て動くことに注力しすぎて、財務関係の管理がほかの業務の二の次となってしまっていたことの立て直しを図ったのだ。

当時、現場では、家主さんに送金する金額と実際に集金した金額が合わないということが問題になっていた。店舗数を増やした2004年ごろから、だんだん契約戸数が増え、さらに管理の目が行き届きにくくなったことが原因なのか、横領のような事案もいくつか判明した。

というのも、そのころ、家賃の回収を行う集金業務での支払いの大半は振り込みではなく現金でのやり取りだった。そうなると、家賃を回収する社員の手元に現金がくる。ここで、お金をくすねてしまう者がいたのだ。集金業務の体制が整ったしっかりとした管理下であれば、横領もできなかっただろう。当時の財務状況は、どれだけ仕事をこなしても会社にお金が残らなかったそうだ。だからこそ、経営を回すために財務管理の基本的な整備から取り掛かることにしたのだ。まずは税理士を変更して、チェック体制を徹底。緩みのない会計体制の構築に取り組んだ。

他にも、めまぐるしく発展していく技術にも対応してきた。不動産業界では、2008年秋のリーマン・ショック以降、これまで主流であった紙媒体が衰退し、インターネットでの情報発信が台頭。時流に合わせて、インターネットでの広告掲載にも取り組んだ。社長へ就任から7年後。2018年にやっと「会社」として世に出せるような状態になったと、島勝社長は話す。

全ては会社を守るために

「とにかく会社を守らないといけない」そんな気持ちだったと、就任当時のことを島勝社長は振り返る。社長になるまでに、現存している2店舗での勤務も経験し、さらに徳島駅前店では閉店するまで最後の店長を務めたが、そんな島勝社長にとっても、社長になることはこれまでと比べものにならない責任がのしかかる感覚だった。財務的な弱点にはとにかく真摯に対処し、税理士など専門家の力を借りながら体制を立て直していく。就任当初はとにかくこのことだけに集中して走り続けた。

内部体制の改善を進めると、追随するように管理戸数も徐々に増えてきた。就任前は1300〜1400戸だったが、現在はその倍に当たる2700戸まで増えている。業務の体制を整えることで、業績もついてきた。

この結果について、「体制の改善にあたって行った分業化が有効だったのではないか」と島勝社長は推察する。当初は本店5人、鴨島店2人程度で営業しており、1人が最初から最後まで担当するという一元管理型の業務体制だった。全ての流れを1人が負担する体制のため、もしその人が辞職、また療養などで長期離脱するときに、業務が止まってしまう。その結果、家主さんや入居者さんに迷惑をかけることとなる。これだけは絶対にいけないことだと島勝社長は考えていた。そこで、業務プロセスを分割し1人に対する責任を分散することで、以前より業務の確実性を高めることにつながった。

分業することで、必要な人員も増え雇用を拡大することもできた。これまでパートや派遣契約だったスタッフを正社員として迎え、雇用環境面の整備にも取り組み、改善を重ねた。

業務以外にも会社を守るために、日の当たらない役割も島勝社長は請け負ってきた。例えば、今は賃貸入居時に原則、契約者は保証会社と契約することが定められている。この保証会社は、契約者が家賃を滞納した際の立て替えや、その催促、また長期間の滞納となると退去を促したりする役割を果たしてくれる。しかし、昔は保証会社自体が存在しなかった。そのため、管理会社として島勝社長が契約者の家賃滞納などのトラブルの責任を抱えなければならないことも多かった。手間のかかることも膨大ではあったが、社員を苦境に立たせず、できるだけ自身で解決するよう尽力してきた。全ては会社を守るためだった。

顧客層拡大へ攻めのアプローチ

営業関係でも攻めの体制で取り組んできた。島勝社長が最初にアプローチをかけたのは転勤族だった。社宅代行業者と呼ばれる、転勤を行う会社からのアウトソーシングを受ける業者と連携することを目指し、営業に回った。この施策が奏功し、現在、本店の売り上げの4割は転勤族によるものとなっている。これは安定した業績の伸びを確立できたポイントの一つである。

また、SNSでのブログ運用など情報発信にも力を入れている。今や、不動産業者が情報を発信すること自体は当たり前となり、その情報の質の価値を問われる。正確な情報を確実に発信することはもちろんだが、ありがとうございます株式会社では掲載する写真に注力した。物件情報に掲載する写真が、反響・問い合わせに重要な役割を担っているという。そのため、物件のメンテナンスを行うときに撮影部隊も用意し、このチームにSNS

やブログの更新を振り分け、こまめな情報発信を行っている。

このように順調に売り上げを伸ばす一方で現状の課題点にも島勝社長は言及する。それは、学生層の顧客の獲得である。徳島市内には、徳島大学がある。同大学には、常三島キャンパスと蔵本キャンパスという２つのキャンパスがあるが、本店の商圏エリアはその２つのキャンパスのちょうど間で、中途半端な位置にある。学生層の顧客獲得を狙うには、若干の距離があり、ロスが発生するためまだ積極的に取り組めていないというのが現状だ。

新たな取り組みとしてコールセンターを設置

２０１５年５月、島勝社長は社員の健やかな労働環境のことを考え、新たな整備をした。それが24時間対応のコールセンターの設置である。お客さんは困りごとがあると、まず店舗に電話する。しかしつながらなければ、担当者の携帯に電話をかけてしまう。これにより、昼夜問わず、休日でも担当者の携帯に電話がかかってきてしまうということが常態化していた。また経験上、時間・曜日に関係のない連絡はクレームであることも多い。この業務環境に、社員の疲弊を心配し、社員とお客様の間にワンクッション置かなければと思ったのをきっかけに、コールセンター制度を導入したのだった。

コールセンターの仕組みは簡単である。まず、お客様から電話があると、その内容について全て報告を受ける。火事や鍵の紛失のような緊急性の高いものから後日でも大丈夫と思われるものまでさまざまである。そして、優先順位を定め、島勝社長を筆頭に順々に電話が鳴っていく流れだ。そこで事件性のあるものや安否確認が必要になるものなど、迅速に対応が必要な件、主にライフラインに関わる事象については、すぐに対応しよう、というものだ。これにより、翌営業日の対応で良い事柄については対応を要さず、社員の休日を守ることができるようになった。

ただ、これには弊害もあった。コールセンターから最初に電話を受ける島勝社長は、24時間365日仕事をしている状態となるのだ。島勝社長自身は経営者である以上、それが当たり前であり、父親からもそう言われてきたという。社員を守るために自分自身が先頭に立つ、コールセンターという新体制の仕組みもまた、島勝社長の覚悟の表れの一つである。

不動産業界特有の課題解決へ向けて

変わりゆく時代の価値観に合わせた意識改善にも取り組み始めている。

先代の時代は、仕組みの上では、週休2日でありながらも、実際の休日はおおよそ週1日～1日半だった。休みのうち、出勤した1日分については休日手当がつけられるが、それも大した金額ではなかった。「この環境で社員はこれまでよく付いてきてくれていた」と島勝社長は感謝を述べる。

ただ、今や新入社員や新規雇用を獲得するには時給や基本給のレベル、福利厚生が重視される。こうした変化に、島勝社長も「社員が週休2日をしっかり取れるようにしてあげたい」と語る。そこで、繁忙期以外の時期や時間外営業などはなるべくやめて、定時退社を促すようにしている。また、誰がどの業務をやっても同じ業務効率が得られるような体制・仕組みの構築も目指したいと考えている。お客様相手の仕事である以上、どうしても緊急の対応が必要となる面も存在するのが不動産業界だ。こうした面についてどう改善していくかも今後の大きな課題だ。

時代に見合った会社への改革

「本来なら1回ぶち壊したいぐらい」と、今後の方針について島勝社長は話す。父親が社長の時代に外側から見えていた会社の姿と、いざ同じ場に立って見た会社の姿とでは、見え方が大きく異なっていた。これを受け、島勝社長が何より強く心に決めたことは、「昭和の感覚」の排除だ。

社長に就任してから10年以上ひたむきに目の前の課題に向き合うことで社内の内部環境はかなり改善された。そんな今、島勝社長が新たに取り組みたいことは社員がストレス少なく、長く勤められる環境の整備だ。年々、労働に関する法律も改善されている。法律の変化に伴って、労働環境も改善していかなければならないと考えている。

こう考えた理由の一つに不動産業の特色をあげる。例えば、島勝社長がこの事業を始めた26～27歳のころに契約し当時新築だった物件は少なくとも先50年は持つという。その50年持った時に島勝社長自身は77歳である。この50年、仲介者としての責任を全うできるだろうか。そう考えたときに、今主体となり働いている従業員が抜けたとしても、同じように次の世代が引き継いでいける事業継続性を目指さなければならない。島勝社長は、そのために誰がやっても遂行できるオペレーションの標準化が必要だと考えている。できるだけ自社でできることは自社で背負いながらも、アウトソーシングすることが最適か、内製化しシステムを構築することで効率的かつ正確に管理していくことが最適か、さまざまな方面から検討を進めている。

何十年後という広い視野を持ち、会社のこれからについて見据える島勝社長であるが、単に効率的に事業をするだけでなく「バランス」を大切にしたいとも考えている。というのも、不動産管理業である以上、会社が潰れてしまっては責任が全うできない。しかし、この業界が成り立つのは人がいるからである。だからこそ、オーナーや入居者といった関わる人たちに長く寄り添うという意識も持ち続けていきたい。この均衡の取れた体制を自身の代で確立し、次へ承継していきたいと島勝社長は掲げている。

また、今後町おこしにも積極的に取り組みたいと島勝社長は話す。昔から社長自身、町おこし活動のようなものにも取り組む機会はあった。今も地域で同じようにイベントを起こす同世代に感化され、参加することもあるそうだ。「イベント」である以上、土日が中心のため、なかなかしっかりと身を置けないことにもどかしさも感じているが、できる限りの支援をしたいという気持ちでこれからも新しく立ち上げられる商店街の組合の手伝いなど取り組んでいくつもりだ。

ありがとうございます株式会社を次世代につなげるために

後を継いだ島勝社長は2代目として創業者との違いも大きく感じてきた。あとつぎの抱える「責任」が大きいのだ。創業者であれば、0から始めているため、たとえ断念してもまた1人で始めればいい。しかし、2代目はそうはいかない。受け継いだ会社や社員を守り、さらに伸ばしていかなければならないのである。承継した会社をダメにしてしまっては済まされないというプレッシャーの中に常に晒される。そこが創業者と2代目との間にある大きなギャップだと考える。だからこそ、現在、あとつぎを考えている人の悩みに対して島勝社長は、共感を抱いている。

そのうえで、大切なのは「使命感があるかどうか」ではないかと、自身の経験を経て島勝社長は言う。無理にやっても続かないからこそ「自分がやらないかん」という気持ちがどこまで原動力となるかが重要なのだ。島勝社長自身もその使命を果たす最中であるという。ただ「自分がバトンを受けたときよりも良い状態で次につなげたい」という気持ちで、これからも次のバトンリレーに向けて前向きに取り組んでいく。

とても良いとは言えない状況の中、会社を承継した島勝社長。先代の体制・価値観を一変させ、事業体制の改善に取り組んできた。営業面でも、内部面でもまだまだ取り組みたい課題があると語る。その根源にある「次につなぐために」という使命感で、より良い会社を目指し尽力していく。

祖父から継いだ「すだち」を世界へ展開

まるきん農園
代表
佐々木 裕之

2018年から祖父の後を継ぎ、農業を始める。

翌年から県の事業の海外研修を機にシンガポールにすだちを出荷。年間300〜350kgの出荷を継続。

7年たった現在はシンガポールで日本料理店をはじめ創作料理、中華、フレンチなど30店舗に商社を通じて届いている。

生産量は年々増加し、現在ハウスすだちと冷蔵すだちを国内外に約15トン出荷。

自然と消去していた「アトツギ」という選択肢

夏場のすだちの収穫繁忙期、徳島にある「まるきん農園」を営む佐々木裕之氏は、先代の祖父を手伝ったときの汗の臭いを未だに覚えているという。

佐々木氏は、すだち農家を営む祖父のもと3世代4人家族のなか18歳まで育った。佐々木氏の農園がある鬼籠野地域は、旬をずらしてすだちを販売する「貯蔵すだち」の名産地であった。通常、夏場が旬であり、収穫後すぐに出荷されるすだちを、あえて冷蔵庫に貯蔵し、10月から3月にかけて販売する。出荷時期をずらすことで、希少価値が高まり売り上げもあがる、これが貯蔵すだちのメリットである。

地域柄、家族経営が当たり前だったため、佐々木氏も実家から離れるまでは、繁忙期に祖父を手伝っていた。すだちの収穫時期は8月の盆明けから、9月末。これは貯蔵すだちも変わらない。佐々木氏は「汗臭い作業着姿から、楽しそうに仕事をしているように見えなかった」と当時を振り返る。夢ややりがいを唱えられる世の中でありながら、祖父からはそれを感じることができなかったのだ。そんな佐々木氏は物心ついたときから自然と「農業を継ぐ」という将来の選択肢は除外されていた。

そんな祖父の働きぶりについて佐々木氏は、今となってはなぜあんなに頑張っていたか理解しているという。佐々木氏の祖父は、約60年前からすだち農家を営み始めた。

4人兄弟であった祖父の家庭は、大変生活に困っていたそうだ。祖父自身、高校を途中で辞めることとなった。そんな祖父は、「あと1人の弟を大学に行かせてあげたい」という強い思いを抱いていた。しかし、それにはどうしてもお金が必要だった。そのため、祖父はやりがいや夢など構わずお金を稼ぎたいという一心で働いていたのではないか。

そしてそれは、孫である佐々木氏に対しても同様で、孫を大学に行かせてあげたいという気持ちのもと頑張ってくれていたのだろうと佐々木氏は思いをはせる。

だが、当時の佐々木氏はとにかく「田舎から出たい」という気持ちが強かった。高校卒業後は大学へ進学し、実家から離れることを決めたのであった。

「すだちがなくなる」芽生えた後継の思い

福岡の大学に進学した佐々木氏は、スーツを着て会社に行く、そんな正社員として会社で働くことこそが大学に行かせてもらった家族に対する恩返しであると、漠然と考えていた。当然、実家のすだち農家を承継する考えはなかった。

大学を卒業すると、そのまま福岡でリフォーム会社に就職し、その後、保険会社に転職した。結婚し子供も生まれ、学生の頃描いていた姿にあった。

そんな佐々木氏は30歳前後から、祖父に「(すだち農家を) やらんか」と、たまに声をかけられるようになった。だが、佐々木氏は祖父のこれを、農家特有の「やめる、やめる」と言いながらも続けていく風潮のようなもので、なんとなく祖父はどうせ死ぬまですだち農家をやるのだろうと思っていた。それくらい祖父が畑をやめるということが考えられなかった。それでも、度々声をかけられる中で「継ごうかな」という若干の思いは感じるものの、すでに家族を持っていた佐々木氏は、仕事を辞め徳島に戻り、後を継ぐということを選択できなかった。

そんな佐々木氏が、なぜ農業を継ぐ決断をしたのか。それは祖父の病気がきっかけだった。この病が原因で、ある日、本当に祖父は農家を辞めることになったのだ。

母子家庭であったため、佐々木氏の母が農業を継ぐわけにもいかず、翌年から実家のすだち農家がなくなるということが自然の流れとなってしまったのだ。この現実を前にして、佐々木氏は自分を育ててくれたすだち農家の環境がなくなることに言葉にならない感情を覚えた。この感情が佐々木氏に、農家を継ぐということを考えなくてはいけないと思わせたのであった。

現場で得た農業に対する確信

佐々木氏は祖父のあとつぎについて真剣に向き合ったとき、ふと、「人と何か違うことがしたい」という小さい頃からの価値観に沿ったことが農業の分野でできるのではないかと考えが浮かんだ。

理由は農業の衰退と栽培面積の拡大見込みにあっ

た。以前から高齢化により、近所の方々が農家を辞めていく中で「畑を貸してあげるよ」と声をかけられることがあった。佐々木氏は、生産者が減り、容易に栽培面積を増やすことができるという農業分野の現状の一番近いところにいたのだ。そこで「自分の売り方やり方次第で、ちゃんとした経営ができるのではないか」と考えを巡らせた。

祖父の土地を継ぎながら周囲の方々の土地を借り、栽培面積を増やすという、事業のビジョンが立ち上がり、「人と違うことをしたい」というかねての価値観も重なったことで、佐々木氏の心は祖父のあとつぎとなることに大きく傾くこととなる。

しかし、この時点でもまだ佐々木氏の心は100%あとつぎをすると決め切れてはいなかった。そこで、仕事を辞めてからの半年間、祖父のもとですだち農家の手伝いをすることを決める。祖父は横からアドバイスをするだけだったが、昔から祖父の仕事を見てきた佐々木氏には十分だった。仕事の流れは大体頭に入っていたのだ。そのとき改めて、「後は売り方をクリアするのみだ」と、確信した。そして、佐々木氏はこの修行後、翌年3月には正式に祖父を継ぎ、すだち農家として事業の本格的なスタートを切ったのだ。

狙い通りの収穫量拡大

佐々木氏は農業を始めると同時に、どんどんと栽培面積を広げることに着手した。

佐々木氏の所有する土地の中には「ゆうかの里」というシダレザクラで有名な観光名所がある。この「ゆうか」は佐々木氏の娘さんの名前だ。もともと、すだち農園として運営していた土地を、あとつぎ不在による規模縮小で、佐々木氏の祖父がすだちの木を伐り、サクラの木を植えたのがはじまりだ。当時、佐々木氏は20代であった。このサクラが育つと、次第に「ゆうかの里」は春になると観光バスによって国内外問わず多くの観光客が訪れる場所となった。そのため、栽培面積を増やす中でも、この「ゆうかの里」はそのまま残すと佐々木氏は決めたのであった。

「ゆうかの里」をすだち畑に残さなかった一方で、佐々木氏は着実に収穫量を増やしていく。初年度の収穫量は5トン。その後翌年から、近所の方に土地を借りることができ、8トン、10トンと着実に右肩上がりを重ねた。そして4年目には12トンに達した。コロナ禍の中でも12トンの生産量をキープし、２０２５年にはハウスの増設を行うことで約20トンまで伸ばす見込みである。かねての狙いや行政のサポートもあり、この収穫量の増大は確実なことだったとのこと。

この狙い通りの事業の伸び率に、口数の少ない祖父も喜んでくれていると思う、と佐々木氏は微笑む。

海外販路の開拓に挑戦

着々と事業の拡大化を進める佐々木氏のもとに新たなチャンスが訪れる。県がサポートする海外研修に、佐々木氏が推薦され参加することに決まったのだ。

海外研修へ行くことになったものの、佐々木氏は英語が話せなかった。しかし「絶対に一件契約を決める」という強い決意をする。研修では県のサポートにより、限られた予算の中ではあるが、通訳をつけることになってはいたものの、佐々木氏は疑問を感じる。「その通訳の方は、すだちのことを知っているわけではない」と。

そこで、佐々木氏は、「同じ予算内であれば、すだちのことを知っていて英語をしゃべれる自身の友人を連れていきたい」と県に交渉を進めた。この交渉が受け入れられ、佐々木氏は信頼できる友人を通訳にシンガポールへ向かうことが叶うのである。

佐々木氏はシンガポールへ行く前からある飲食店に目をつけ、予約をしていた。到着後すぐに2人でその店に向かう。佐々木氏の狙いは、そこで食事してすだちの話をする中で契約を取るといったことだった。しかし、思いむなしく契約を取ることはできなかった。そもそもシンガポールでは、輸入ライセンスなどの関係で一対一での契約が難しかったのだ。佐々木氏はこのときのことを「海外において契約を取ることがいかに難しいかを学んだ」と話す。

このとき出会った飲食店の店主は、今も佐々木氏の尊敬する人物である。佐々木氏が契約の交渉をした際、「海外で契約するのであれば、まずは商社に行くべきである」と、シンガポールで一番の商社を紹介してくれたのだ。輸入ライセンスのような海外事情を踏まえ、一対一での契約が難しい現状を教えると同時に、早い進出には商社での契約が必要だと説いた。

その後すぐに、2人は紹介してもらった商社に足を運ぶと共に、帰国後もやり取りを進め、この商社との契約にこぎつけた。佐々木氏の海外進出の一歩をつないだ店主とは、現在も関係が続いている。初めての海外進出は、販路開拓という点において確実な成果を手にしたといえるだろう。ここまでで、祖父の後を継ぎ1年程度。短い期間ながらも佐々木氏の事業は海を渡った。

すだちの特性に立ちはだかる問題

すだちを海外へ輸出するようになると、いくつかの問題が見えてくる。

まず海外では、すだちと似た「ライム」の普及が

ほとんどで、すだちという食べ物が存在しない。流通も需要も想像以上になかった。

また、一時期、徳島県はすだちの海外進出を目指しEUに向け挑戦を行っていたが大変苦戦していた。理由はすだちの傷みやすさだ。冷蔵保管される貯蔵すだちは尚更のことだった。まず、すだちは冷蔵庫から出すと速いスピードで劣化してしまう。輸出するとなれば、徳島県からEUの距離だ。輸送している間に黄色く変色を起こすようなケースが多々起こってしまっていた。これが、取引が続かない一つの要因であった。

これはEUに限らず、シンガポールに運ぶ2、3日でさえも同様である。元来、すだちというものは繊細である。佐々木氏も収穫は、特に神経を使うという。まず、湿気に弱く、空気や湿気に触れるだけで酸化が始まってしまう。さらに、衝撃にも弱い。収穫時、背の高さから下に落としただけでも中身が腐ってしまうこともある。そのため、輸送するにあたっての環境や時間、またトラックや船による衝撃や圧迫と、ありとあらゆる状況がすだちの輸出を難しいものとするハードルとなった。

佐々木氏はこの問題を超え、シンガポールとの取引継続のために、収穫から保管までできめこまやかな注意を払っている。例えば、温度管理。すだちの傷みが進行しないよう、冷蔵庫の中で定めた温度内での管理を怠らない。時期によっては0・1度単位で管理を行う。また、冷蔵庫に保存する際も、大量のすだちを約2キロごとに保存袋に入れ、重ねないように気を遣う。出荷の際もシンガポールの湿気による変色に耐えられるよう皮の硬さを見ながら、出荷するすだちを選んでいる。収穫から出荷までのすだちへのダメージを極力まで抑えているのだ。できるだけ綺麗な状態ですだちを届けること、この小さな意識にも難しいとされた海外でのすだちの供給を今も続けられている秘訣がある。

確信があったアトツギ、意外な手ごたえ

祖父の後を継ぎ、農業を始めて約7年。これまでを振り返り、「こんなはずじゃなかった」と思ったことはないと佐々木氏は言う。「全国でのすだちのシェアが90%以上」である徳島での生産・販売。土地があり、ノウハウがあるこの環境は、事業を始めるには最適だった。これは、まさに農業を始める前に佐々木氏が描いたビジョンであり、そこに「自分の

売り方・やり方」を創意工夫することで着実な事業成長の結果を掴んだ。

実際に農業を始めたことにより気づいたこともある。それは、全国でのすだちの意外な需要の高さだ。栽培・収穫の期間が限られる、いわゆる隙間産業であるすだちの生産。しかし、すだちの用途はうどんや焼き魚の香り添えをはじめ、寿司屋や老舗料亭などで使われ意外と幅広い。収穫できる数の限られてしまうすだちだからこそ、必要としている人を探す作業が大事だと、佐々木氏は実感している。

佐々木氏は「すだちを売る」ために意識していることがある。それは、いかにして他のすだちに優位性をつけるかだ。佐々木氏曰く、「祖父が作っても他のAさんやBさんが作っても、僕が作っても、誰の（すだちが）美味しいかとか不味いかとかはない」とのこと。そのため、佐々木氏はいかにすだちを緑のまま、長く保つかという点にこだわる。このこだわりを持つようになったきっかけは、海外への輸出を始めたことだ。たとえ、どれだけ味のいい見た目のいいすだちをつくり出したとしても、消費者の手元に届くころに、その品質が保たれていなければ顧客のニーズには応えられない。

生産するだけでなく、品質を維持する、そしてすだちを探している人を探す。このような、従来のかたちに捉われず、売り方までもプロデュースしていくやり方が、先代とはまた違う佐々木氏らしいすだち事業のかたちなのだ。

社会貢献活動に取り組む、農業だけではない事業

佐々木氏の新たな取り組みはすだちの売り方に関することのみではない。「お金に一見ならないような取り組み」にも積極的に挑戦している。

3年前、同じ徳島の会社と地域活性化という共通理念のもとタッグを組むこととなった。地元産業であるすだちの収穫繁忙期には、同社の社員を派遣し共に収穫を行うのだ。そしてこの二者の取り組みに感化された老舗芸能プロダクションから、佐々木氏に芸人さんを交えたイベントをしないかと提案が持ち込まれる。この提案を受けて、佐々木氏は県内外の子供たちを集め、収穫体験を企画した。なぜ、イベントを収穫体験にしたのか、ここにも一つ狙いがあった。普通の収穫体験であれば、子供たちにとっては、もしかしたら収穫するだけで終わりの経験になるかもしれない。しかし、ここに芸人さんの力が添えられる

なら楽しく、記憶に残る、一生忘れられない収穫体験になるのではないか、そう考えたのだった。

このようなイベント企画以外にも、佐々木氏はさまざまな取り組みを積極的に行っている。

全国に店舗を持つ大手飲食店とは、提供する側とされる側の中で新たな関係性を築いている。

佐々木氏は元々、同社へうどんに使用するすだちを供給していた。そこにうどんチェーン側から「現場に入ってお手伝いすることが使う側であり、企業側である私たちの役目ではないか」という申し出を受け、今は収穫期に同社の社員を受け入れている。この、物のやり取りだけではない、人と人とのつながりを紡ぐ取り組みを今後も展開していきたいと佐々木氏は考える。

ハウス増設で新たな一歩を

地域活性化など社会貢献活動にも取り組んできた佐々木氏だが、今後挑戦したい取り組みがある。それは雇用の拡大だ。そこで狙いを定めているのが2025年のハウス増設である。佐々木氏のまるきん農園は現在個人事業で、社員がいない。繁忙期に10名、通年で3名程度のアルバイトを雇い運営している。そこで繁忙期にしか雇えない主婦や高校生たちに、年間働ける環境を用意したいというのが、佐々木氏の今の願いだ。そのためには、収益の増大やシンガポール以外の海外諸国への販路確立など、事業規模の拡大も必要だと感じている。

このハウスの増設も働く環境を用意するためだけではなく、事業拡大のカギにもなる。「まだまだすだちのシェアが行き届いていない場所がある」と感じる佐々木氏にとっては需要にアプローチするための挑戦でもある。これまで夏場にしか収穫できなかったすだちを春先の5、6月から収穫できるようにするのだ。年間を通した出荷量を増やすことで、さらなる全国へのすだちの供給につなげる狙いだ。

衰退の裏にあるチャンスを見て

佐々木氏は農業分野での「あとつぎ」について、こう話す。「第一産業はどうしても生産者が減り衰退していっているイメージがあるが、物の需要がなくなっているかと言われるとそうではないと思う」。祖父から後を継ぎ農業に取り組み、そして自分の足で需要を探したからこそ感じる手ごたえだ。そして、「すだちも野菜も、生産量・生産者・生産額が比例していないと思う。やり方次第で生計は立てられる」と続ける。だからこそ、昨今の高校生など若い世代は、テレビを主としたメディアの見た目の情報に惑わされるべきではないと伝えたいという。

農林水産省のデータでは、農家の平均年収は300万円とされている。しかし、これも日本に大なり小なりいる農家の中の「平均」だ。当然、全員がそうというわけではない。すだちに限らず、容易に栽培面積を増やすことができる農産物はある。やり方次第で拓くことができ、自分の力で確立できる見込みのある分野だからこそ、表側だけでなく裏側の情報まで見据え、また自分の目で現場をみて、農業を選択肢の一つとして検討してほしいと、佐々木氏は願う。

祖父から後を継ぎ、コロナ禍を経ても規模拡大を続ける佐々木氏のすだち事業。そこには、農業を始める前、自分の目で見て感じた「やり方次第でできる」という確信と、「他とは違うことを」という価値観に基づいた挑戦的な姿勢があった。さらなるすだち事業の発展へ向けてまだまだ佐々木氏の挑戦は続く。

新たなる
コンセプトから
さらなる幸せと豊かさへ

ナカザワホールディングス株式会社
代表取締役社長

中澤　秀紀

2006年ナカザワ建販株式会社に入社。
2018年4月に代表取締役社長に就任。
2020年ナカザワホールディングス株式会社設立、代表取締役社長に就任。
現在は、ナカザワホールディングスグループ10社を運営。
受け継がれてきた想いを大切に、新たな挑戦にも積極的に取り組む。
理念経営の実践で、多くの人々に笑顔で喜んでもらえる、しあわせ創造企業を目指す。

大阪府和泉市で、総合商社として建築資材、プレカット、外装工事、住宅設備、太陽光発電システム工事、サッシ、建て方工事に至る事業を手がけるナカザワ建販。

代表取締役社長の中澤秀紀氏は3代目の社長だ。

父親が創業したナカザワ建販株式会社の社長に就任したのは2018年のことである。2020年には事業体制を変更。ホールディングス化を遂げた。現在も建築資材の販売を主軸に、グループ企業では施工機能から物流やシステム開発など住宅に関する幅広い事業に取り組んでいる。

創業者の人生の転機が、顧客満足と共に、顧客価値を追求する原点

ナカザワ建販の創業者である父親の中澤伸文氏は1980年に当時33歳で創業した。創業の想いは、「会社を大きくしたい、絶対に倒産しない会社にする」こと。当時、10年で10億円を売り上げるという目標を立てた。

そんな目標を持ち駆け出した初年度、売上額は9ヶ月間で1億円に達していた。以降、順調に売り上げを伸ばし、10年後には売り上げ11億円を突破した。

契機になったのは1995年1月17日に発生した阪神・淡路大震災。すぐさま取引先の工務店の人たちと共に、神戸の被害現場に入った伸文氏は、目の前の光景に愕然とした。

「どういう状況やねん。何でこんな倒れてるねん。こんなんアカンやろう!」。倒壊した建物はほとんどと言っていいほど湿気で腐り、シロアリに食われているなどボロボロになっていた。

たとえ建築基準法を守ってつくられた住宅だとしても、「これでは欠陥住宅だ」と思ったという。

木材は本来、十分に乾燥させてから使用する。だが、被害現場の無残な光景は、自然乾燥なら4、5年かかる工程を省き、生のまま住宅に使用している業者がいかに多いかを物語っていた。

当時のナカザワ建販は新建材しか扱っておらず、まだ構造材には携わっていなかったが、伸文氏の心に大きな変化をもたらすには十分だった。

「お金も信用も何もないところからスタートしました。だから、お客様の要望をいかに聞いて、いかに速く、いかに安く納めるか、それが自分の仕事やと思ってやってきました。

それが180度変わりました。顧客（工務店）から言われるがままに商品を納品すれば、いずれ被害が出る。これからは自分の納得のいく品質の商品だけを取り扱おうと誓いました」。これは、伸文氏の言葉である。

この時に、「誠実な家づくりをし、社会の役に立たなければならない」という使命に目覚めたという。そして、顧客満足の、その先にある「顧客価値」を追求することに、大きくシフトした。

これを機に、これまでの住宅づくりの常識を革新すべく、木造軸組工法に日本で初めて、「根太レス工法」を導入した。根太を使用しないかわりに、下地の合板を厚くし、梁に直接留め付ける床組の方法である。同工法に必要な床板を用意するため、海外か

らの木材の直輸入も開始した。

阪神・淡路大震災の起きた1995年以降は、震災での気づきを原点に「住宅産業の改革・革新流通業」を目指し、積極的に海外から木材や合板を輸入し、プレカット工場の設立や、新しい工法に力を入れた。また、資材だけでなくソフト面でも社会に貢献したいという気持ちで工務店向け業務効率化ソフトの開発にも乗り出した。

AnyONE(エニワン)でソフト面からも社会に貢献する

中澤社長は大学時代、20歳のころから2年ほど、家業のナカザワ建販でアルバイトをしていた。基本的な業務は住宅資材の販売・配送だった。当時、仕事をしていると荷物を下ろしている間に夜12時を過ぎることもあった。

最初は衝撃を受けたが、当時は、猛烈に働く会社だった。その後、大学を卒業して他社で2年間勤務し、父親の誘いで2006年にナカザワ建販株式会社に入社した。入社後には、3DのCAD（コンピューターによる設計）ソフトの販売・システム開発の部署に配属、その後、瑕疵《かし》保険事業の立ち上げ、住宅建築の現場監督、建材販売の営業などの現場経験を積む。

２０１７年に、システム開発の部署を分社化して「エニワン株式会社」として創業。中澤社長は代表取締役社長に就任した。創業時には、建設業界向けのシステムＡｎｙＯＮＥ（エニワン）を半分以上の工務店に利用してもらう目標を立てた。その目標を達成することで、父からのバトンを受け継ぎ「ソフト面で社会に貢献する」という思いを実現できる。そして建設業界の社会課題である労働時間の適正化や生産性改善、利益改善を解決することにもつながると考えた。現在、３４００の工務店でＡｎｙＯＮＥは利用されている。

心の在り方で人生の楽しさが変わる

２０１８年、中澤社長はナカザワ建販株式会社の代表取締役社長に就任した。当時のことを「スムーズな代替わりだった」と話すが、その裏には葛藤もあった。

実は、中澤社長がナカザワ建販株式会社の営業部長だったとき、当時の社長だった四本氏から3年後に社長になって欲しいと告げられた。当時はまだ30代前半だったこともあり、中澤社長はかなり驚いたという。ここから社長就任に向けて準備が始まった。四本氏は銀行出身。そのため、金融畑の手腕を生かし6年半の任期の間で社内の組織体制を明確に固めた。確立された体制の中、会社を承継することができたのだ。これがスムーズな代替わりだったと思える一つの要因だという。

一方で、実務面の承継が進む中、中澤社長の精神面においては悩む期間もあったという。四本氏から社長就任への声かけがあった当時、中澤社長は営業部長として自身の実力の足りなさを痛感していた。建材の営業をしていたころから、グループ会社であるクオデザイン株式会社の社長や、ナカザワ建販株式会社内の経営企画室など部署を経験した後、急に第一線の営業部長に任命されたという経緯もあり、もっと努力しなければいけないというプレッシャーに追い込まれていた。

その後、35歳で副社長に就任してからは、自分を高めるためにさまざまな外部研修に参加した。とある研修で、自撮りで笑顔の写真を撮る機会があった。中澤社長はその写真を見て、笑えていない自分の表情に驚いた。この自撮りを1ヶ月継続し笑顔の大切さを学んだ中澤社長は今、笑顔を会社のバリューとして掲げる。そして他にもさまざまな研修を受け、色々な価値観に触れていると徐々に、「自分らしい経営をしよう」という経営に対する心持ちをつくることができたという。

最後に中澤社長の心を後押ししたのは、社長になる前に母から渡された小学生の頃の作文だった。その作文には、「将来の夢は社長になりたい」と綴られていた。これを読んだとき、実は中澤社長は、「社長をやらなければいけない」という強すぎるプレッシャーと責任感に押しつぶされそうになっていたが、「社長になりたい」という気持ちを思い出した。かつての思いがもう一度よみがえったのだ。

この瞬間を振り返り、「人って受け身から『したい』と主体的に挑戦しようと変わった瞬間にこんなに心が変わるのだと思った」と中澤社長は話す。心が楽になったという。

そして、社長になるのなら、「ホワイト企業にして、早く帰って有給休暇は取りやすく、みんなで稼いだ利益は分配をする。給料が良くて友達や子供にも心から入社を勧めたい会社をつくる。社会貢献し続けるナカザワグループをつくり続ける。自分が心から働きたいナカザワグループをつくる」と理想の会社を創りたいという思いを決意した。この時の想いをベースに、中澤社長は自分らしい経営方針で、事業承継の一歩を踏み出した。

大切にする「おかげさま経営」の精神

エニワン株式会社は、自分の意思をある程度反映させながら経営ができるベンチャー気質の経営スタイルであるのに対し、ナカザワ建販株式会社では、長く培ってきたこれまでの基盤をベースに経営していく。

この新たに自分で創っていくことと、多くの仲間と一緒に成長していくことを追求する2つの経営方法を肌で触れてきたことは中澤社長の武器かもしれない。

社長に就任し、自分らしいやり方で経営をしたいという思いもあった中澤社長は、この180度違うスタンスの2社の方針によって、経営の基盤を学びながら新たな挑戦にも取り組むという経験を重ねることができた。

その中でナカザワ建販株式会社について、「おかげさま経営」であると中澤社長は言う。というのも、役員・社員の方々の力があってこそ経営ができていると日々感じているからだ。当初から中澤社長には、ナカザワ建販株式会社の経営をするにあたって意識してきたことがある。それは「過去を否定しない」ことだ。

もちろん、後を継いだからにはとにかく良い会社を創りたい。中澤社長はこれまでの業界のブラックな一面を変えて「ホワイト企業にすること」を決意した。その目標へ向かうなかでも、これまでナカザワ建販株式会社の経営基盤を創ってくれた役員と社員には心からの感謝を忘れることはなかった。

このように会社の経営を進めてきた中澤社長は、今後の経営方針においても、「成長をし続ける王道の経営に徹していきたい」と話す。また、グループ会社全体が、成長するために経営人財を増やすことにも取り組んでいきたいと、人財育成についても視野を広げている。

理念経営の浸透で考え方の軸ができる

理念経営の実践として経営理念や経営の基本方針を記した「社員の心得」を作成している。経営理念の「未来を見つめ、新しい価値を創造し、幸せな家族、豊かな社会の実現に貢献する」という思いの根幹をつないでいくことは、中澤社長が変えなかったことの代表例である。

従業員と理念を共有し、働く目的や幸せとは何かを考えてもらうことで、小さな物事についても自ら考えて行動できる組織をつくってきた。

グループ社員にはこの「社員の心得」を配布し、毎朝1ページずつ唱和している。ベトナム人だけで運営しているＣＡＤデータの入力などを行うベトナム拠点でも、日本語がわかる従業員を中心に「社員の心得」を唱和している。

ここで「社員の心得」の中身を一部紹介すると、優先順位の行動の項目では、一番の優先順位として、「顧客と組織に対し安全・安心を第一に行動する」を置き、二番目の優先順位では、「部署・チームの皆様

が担当する品質目標の達成です」としている。そして、目標の達成には目先の損得を追うのではなく、長期視点で顧客の信頼に応えることが重要であるとの解説がついている。

その上で、経営資源については『人財』が全てです」を掲げ、経営の基本方針や仕事の定義、社員信条、職業人の心得、会社の存在理由について書かれている。

「経営の基本方針」はガラス張りの経営に徹する、全員参画の経営に徹する、成果配分の経営に徹するという3項目からなっており、実際この方針に従って、部門や部署ごとの売り上げや利益、経費などの数字が全て公開されている。

日々「社員の心得」に触れる機会をつくり、社内で同じ意識を育んでいることが軸の通ったブレない会社経営の枠組みとなっている。


一方で承継後、中澤社長が変えたこともある。歴代の社長が行っていた毎日のメール配信の廃止だ。中澤社長はこれまでの慣行に倣い、最初の頃は毎日メールを送ることを継続していたが、1年間継続後に実際やってみたところ本当に伝えたいことはそんなに毎日出てこないと感じた。そこで「本当に伝えたいことだけを伝えよう」と決め、この慣行をやめる決断をし、現在は月に1回、給料日メールとして定期的に配信している。給料日メールでは月1回だからこそ、社長自身の自己開示や今の思い、社員の気づきなど形に捉われない内容を本音に沿って綴っている。

新たなコンセプトからさらなる幸せと豊かさへ

気づけば会社はホールディングス化を遂げて、社員数も650人を超えた。ビジョンである「幸せと豊かさを共につくる」ことに対して一層真摯に取り組んでいきたいと話す中澤社長。中長期経営計画では、「成長を果たしながら社員への還元を実現する」というコンセプトを打ち出した。

そのための戦略は多岐に渡る。まず、「成長」という点では、既存の事業領域や業界内で新たなチャレンジを行っていく事業力の強化と新規事業開発力強化。滋賀プレカット工場の立ち上げを筆頭に10項目において、経常利益アップを目指し、積極的な既存事業強化に取り組む一方で、成長エンジンの開発として社員による新規事業案の検討やそのバックアップをグループ全体で取り組むことにも挑戦している。

「還元」という点においては、「働きやすさの設計」「やりがいの創造」「グループガバナンスプロジェクト推進」「社会への還元」の４つのポイントに力点を置き、さらなる内部改革を進めている。

このように恐れることなく、チャレンジを続けることは、創業時からのナカザワグループの歴史に基づいている。これまで、強い夢を持って、何もないところから課題に挑戦し、解決することで品質を高め続けてきた。そこにできない理由を考える時間などなかった。とにかく、どうすれば実現できるかを一つ一つ考え、挑戦してきたのだ。そんな背景が中澤社長の経営精神に根付き、その原動力となっている。

今はまだ理想の会社には遠いと話す中澤社長。しかし、その理想へ向けて社員が挑戦できる環境を整備し、できないことをできるまで続けることで一歩ずつ前に進んでいく、そんな気持ちで日々経営に向き合っていく。そんな思いの込められたコンセプトこそが、「成長を果たしながら社員への還元を実現する」ことなのだ。

働いて良かったと思ってもらえる会社へ

「父のことはずっと尊敬している」と話す中澤社長。今や業務面で父の伸文氏が携わることはほとんどなくなったが、会社の周りの掃除だけはずっと続けているという。通常社員であれば8時から10分程度で掃除をするのが日課だが、伸文氏は朝の7時から始めている。何十年もずっと同じことを欠かさず継続することができる伸文氏のことを本当に凄いと思っているという。

また、中澤社長はこれまでの伸文氏との関係を振り返り「良好だ」と話す。中澤社長の行う事業や経営に関して、口を出すことはほとんどなく、ぶつかりもしていない。ただ、当初は想いが違う瞬間もあったが伸文氏は口に出さず「自分の中に留めていたのだろう」と言う。そんな「任せきる力」もまた中澤社長が父親を凄いと思う点の一つだ。そんな尊敬する父親だからこそ、中澤社長は事業計画について相談することも多い。伸文氏の意見が新たな気づきや明確な意思の確信につながることもある。

２０２４年1月17日のことである。仲文氏が阪神・淡路大震災で使命に気づいた会話をした。

中澤社長は改めて、使命とは何だろうか、と考えた。

ナカザワ建販の社長に就任してから、「良い会社をつくりたい」「会社を大きく成長させたい」という揺るぎない強い思いを持ち、これまで経営に取り組んできた。本当に、良い会社をつくれているだろうか？　売り上げがあがった先に、一体何があるのか？　ナカザワグループで働く皆さんの幸せをつくれているだろうか？

その瞬間、ボロボロと自然に涙がこぼれた。

それは、良い会社とは会社を大きくするとは、「ナカザワグループで働いて良かった」と社員に思ってもらえる会社をつくることだと気づいたからだった。

そしてお客様に「ありがとう」と多くの人々に笑顔で喜んでもらえる、「しあわせ創造企業」を創りたい。社会課題を解決して人が笑顔で明るく輝く世界を創りたい。

父親のターニングポイントとなった日が、中澤社長にとっても使命に気づいた日になった。

あとつぎに対して、中澤社長は「人生をどうワクワクしながら生きられるかが大切」と話す。

プレッシャーに迫られているかもしれない。やる気にみなぎっているかもしれない。心の底から人生で挑戦したいことに挑戦しているとき、心が折れて挑戦ができなくなる時もある。

「業界を変えたい」、そんな自分の内側にある前向きな気持ちや不安な気持ちをどのようにして、より幸せな方向へと導けるかが、後継者としての仕事であると考えているという。

中澤社長が描いた幸せの方向は一緒に働いた人に「働いて良かった」と思ってもらうことで、これが全ての根幹であった。

この想いを胸に、社長に就任してからさまざまな

経験をした今、会社は売り上げが全てではないと中澤社長は感じている。実際、社員が働きたいと思える環境を目指し取り組んできた結果、業績も継続して伸びている。チームとして向かってきた幸せに、気づけば勝手に業績がついてきていたのだ。

これまで挑戦し続けることで、常に成長してきたナカザワホールディングス株式会社。新しいことに挑戦できる環境こそが、他社にない魅力ではないかと中澤社長は言う。「だからこそ、これからは強みである挑戦という姿勢をさらに発信・強化していきたい」「企業経営において現状維持は衰退である」と中澤社長は話す。そのために、これからも挑戦を拡大し、一段と「しあわせ創造企業」となるために企業努力を続けていく。

「働きやすい企業を創りたい！」というビジョンを掲げ、若くして会社を承継した中澤社長。社員を思う気持ちの強さと経営していくことに対する覚悟が、業績好調に結びついている。２０２４年1月17日、かつて阪神・淡路大震災が起こったこの日に、改めて自分の中にある経営者としての使命を見つけた。この使命をもって、支え合う社員とより強固なチームとなって、さらに大きな幸せを目指し突き進んでいく。

あとがき

私は創業者なので、バトンを渡すという立場である。61歳になり、そろそろ事業承継を考えないといけないと世間から言われる。もちろん会社を立ち上げた30年前から、どこかで会社を引き継ぐという意識を持っていたので準備はしてきたつもりではある。とはいえ十分だとは思えない中で、今後数年の間にいろんなことを試行錯誤しながら前進しようと思う。そして最良の選択をしたいと思っているところである。

実は私は農家出身、身近で事業承継を体験したことがある。専業農家のあとつぎ問題はそれなりに重い。私は、３人兄弟の真ん中だった。会社経営を継ぐのとは違うが、農業を継ぐのにも、父親や兄弟とのつながりの中であとつぎ問題が色々とあった。家業を継ぐとはどういうものかというのを肌身で感じてきた。

うちの父親もなかなかの頑固一徹であった。一方で、なると金時（さつまいも）の生産販売のビジネスをしっかりと確立させていた。ある意味、事業創造をしていたと思う。だから、こだわりやノウハウは簡単には引き継げないということもあった。結局、三男が継いでいる。なので必ずしも長男が継ぐというわけでもなかった。かといって私が後を継ぐかどうかという選択肢があったときに、すでに会社を経営して数年経っていたので、さすがにそれを置いてできなかった。改めて振り返ると、父親からの農業の継承は、代々伝承されてきた家業ではあるが、３代目、４代目のあとつぎの問題と同じであったと思う。

事業を引き継ぐあとつぎの苦労や悩みは尽きない。事業は創業者がつくりあげ、あとつぎがそれを維持・発展させていくものと多くの方々が思う。しかし、本書の冒頭でも述べた通り、今の経済や社会は変化のスピードが速く、数十年前の事業をそのまま維持させようとすること自体が難しい。その状況で後継者の役割とは何か？　２代目や3代目の果たすべき役割とは何なのか？

私たちはきっと、創業者と後継者のイメージ像を勝手につくりあげているのだと思う。創業者は何もないところから強力なアントレプレナーシップで事業を創造していく。一方、後継者は創業者がつくりあげた事業を維持させる、いわば守りの役割……と。そういう画一的な考え方は、これからの事業承継では不要になるのではないか。創業者が強力なアントレプレナーシップでつくった事業の破壊的創造を行い、まったく別の事業を生み出す後継者がいてもいい。事業承継と聞くと、どちらかというと重いテーマとして皆が身構えてしまう。もっと自由な発想で事業承継をデザインする後継者がどんどん生まれて欲しいし、それこそが日本の大企業や中小企業に今までにないダイナミックな動きを生むと感じている。

日本の全企業数の90％以上を占めるとされる中小企業。今、日本経済の真の担い手である中小企業が、あとつぎ不足に直面している。あとつぎというと、新市場参入や業態転換といった分かりやすく、派手なイノベーションを期待されがちだが、もっと大切なことがある。

それは、会社の原点と本質に向き合うこと。

そして先代らが積み上げてきた価値を引き継ぎ、時代の変化に柔軟に対応しながら組織の舵を取り、次の世代に着実につなげていくことである。

本書では10人のアトツギ経営者が登場し、それぞれの事業承継のストーリーを余すところなく語っていただいた。各ストーリーを読み進めていくと、多様な事業承継の在り方がおぼろげながらでも理解できるのではないかと思う。本書が、微力ながらも日本経済を支えてきた中小企業、そして地域経済の活性化の貢献につながれば嬉しい限りである。

日本の屋台骨である中小企業が長い時間をかけて築き上げた技術やノウハウを着実に継承していくことこそ、少子高齢化による社会や経済の担い手の減少で縮小が不可避とされている日本経済の底上げにつながるのではないだろうか。

最後に……私自身も今から約30年前に会社を立ち上げた創業者です。私自身はバトンを渡す側として、これから事業承継に改めて向き合っていくつもりです。どういう形になるかはまだわからない。ただ、本書に登場するアトツギ経営者の姿がヒントになるだろうと考えています。事業承継は大変なことだと思う。でも、本書を読むと、会社を承継することが少し楽しくなり、ワクワクする。それが、第一号の読者である私の率直な感想です。

2024年7月　近藤　昇

ブレインワークス

創業以来、中小企業を中心とした経営支援を手がけ、ICT活用支援、セキュリティ対策支援、業務改善支援、新興国進出支援、ブランディング支援など多様な提供を行っている。ICT活用支援、セキュリティ対策支援などのセミナー開催も多数。特に企業の変化適応型組織への変革を促す改善提案、社内教育に力を注いでいる。

また、活動拠点のあるベトナムにおいては建設分野、農業分野、ICT分野などの事業を推進し、現地大手企業へのコンサルティングサービスも手がける。

2016年からはアジアのみならず、アフリカにおけるビジネス情報発信事業をスタート。アフリカ・ルワンダ共和国にも新たな拠点を設立している。

HP：https://www.bwg.co.jp/

アトツギが日本の未来を拓く

発行日：2024年9月20日（初版発行）

編著　　：ブレインワークス
発行所　：株式会社カナリアコミュニケーションズ
〒141-0031　東京都品川区西五反田1-17-1
TEL：03-5436-9701　FAX：03-4332-2342
http://www.canaria-book.com/
装丁　　：堤 優綺乃
DTP　　：株式会社ブレインナビオン
印刷所　：株式会社昇寿堂

ISBN978-4-7782-0527-0

カナリアコミュニケーションズの書籍のご案内

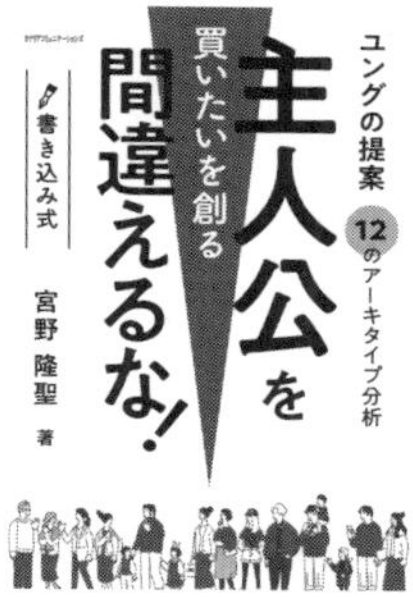

主人公を間違えるな
宮野 隆聖 著
2024 年 7 月発刊／定価 1800 円（税別）
ISBN978-4-7782-0525-6

ＤＸに翻弄される日本の会社と社会
近藤 昇 著
2024 年 7 月発刊／定価 1600 円（税別）
ISBN978-4-7782-0526-3

住まいの耐久性大百科事典Ｉ改訂増補版
一般社団法人
住まいの屋根換気壁通気研究会 著
2023 年 11 月発刊／定価 2700 円（税別）
ISBN978-4-7782-0517-1

百折不撓～日本の伝統工法「真壁」の木造住宅の全国展開を実現した創業社長加納文弘の挫折と再起の人生を辿る～
近藤 昇 著
2024 年 6 月発刊／定価 1600 円（税別）
ISBN978-4-7782-0524-9

カナリアコミュニケーションズの書籍のご案内

ウエルネスツーリズムによる地方創生
健康長寿を目指して「お散歩で日本を元気にする」
西村 典芳 著
2022 年 9 月発刊／定価 1400 円（税別）
ISBN978-4-7782-0503-4

田舎ビジネス『イナビジ』のススメ
～“ドラゴンボール世代”の新しい働き方！～
林 直樹 著
2024 年 5 月発刊／定価 1300 円（税別）
ISBN978-4-7782-0523-2

儲けるから儲かるへ
近藤 典彦 著
2021 年 9 月発刊／定価 1600 円（税別）
ISBN978-4-7782-0478-5

逆風の向こうに
～ある起業家が紡いだ奇跡の物語～
新賀 太蔵 著
2023 年 4 月発刊／定価 1500 円（税別）
ISBN978-4-7782-0512-6

カナリアコミュニケーションズの書籍のご案内

今日から使える
即効ベトナム語フレーズ！
糸井 夏希 著
2023 年 7 月発刊／定価 2000 円（税別）
ISBN978-4-7782-0515-7

歴史から読み解くアジアの政治と外交
坂場 三男 著
2024 年 2 月発刊／定価 1800 円（税別）
ISBN978-4-7782-0520-1

アジアで挑戦＆活躍する日本の会計事務所
ブレインワークス 著
2023 年 11 月発刊／定価 1600 円（税別）
ISBN978-4-7782-0518-8

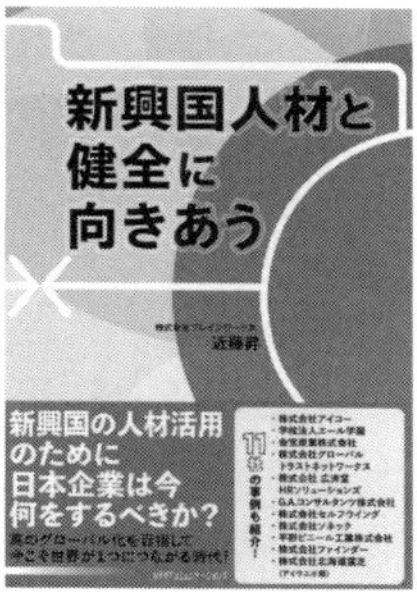

新興国人材と健全に向きあう
近藤 昇 著
2022 年 3 月発刊／定価 1400 円（税別）
ISBN978-4-7782-0489-1

カナリアコミュニケーションズの書籍のご案内

起業するなら
「農業」をすすめる 30 の理由
鎌田 佳秋 著
2021 年 2 月発刊／定価 1500 円（税別）
ISBN978-4-7782-0472-3

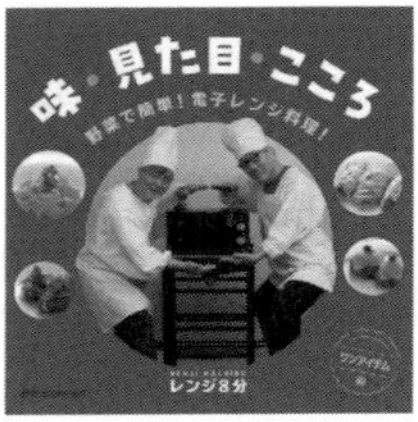

味・見た目・こころ
レンジ 8 分 著
2023 年 4 月発刊／定価 1000 円（税別）
ISBN978-4-7782-0510-2

自然と人間の調和を求めて
〜大賀流オーガニック農法が生み出す軌跡〜
大賀 昌 著
2022 年 6 月発刊／定価 1400 円（税別）
ISBN978-4-7782-0496-9

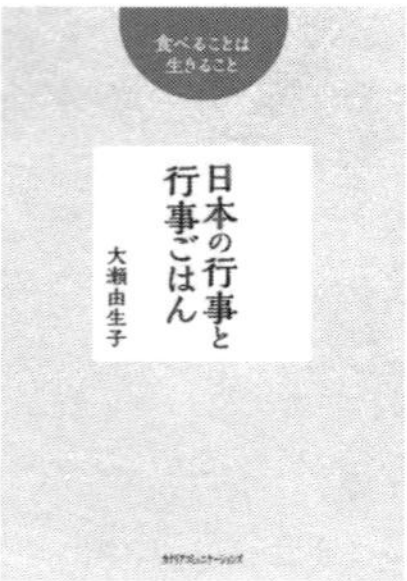

日本の行事と行事ごはん
〜食べることは生きること〜
大瀬 由生子 著
2022 年 8 月発刊／定価 1400 円（税別）
ISBN978-4-7782-0501-0

カナリアコミュニケーションズの書籍のご案内

もし波平が 85 歳になったら？
近藤 昇／近藤 誠二 著
2022 年 8 月発刊／定価 1300 円（税別）
ISBN978-4-7782-0502-7

豊かに歳を重ねるための
「百人力」の見つけ方
澤岡 詩野 著
2023 年 8 月発刊／定価 1600 円（税別）
ISBN978-4-7782-0516-4

テレマカシ！～森の免疫力～
細田 真也 著
2023 年 2 月発刊／定価 1500 円（税別）
ISBN978-4-7782-0508-9

「ワクワク to できる」の
2 軸のマッピングでつくる新しいキャリア
三冨 正博／小島 貴子 著
2022 年 9 月発刊／定価 1500 円（税別）
ISBN978-4-7782-0505-8

カナリアコミュニケーションズの書籍のご案内

ＩｏＴってなんだ？
～ＤＸの実現に不可欠なＩ oT の豆知識～
長内 弘喜 著
2022 年 5 月発刊／定価 1300 円（税別）
ISBN978-4-7782-0494-5

真・情報化時代の幕開け
～情報感度を磨き DX 社会に適応する～
近藤 昇 著
2022 年 6 月発刊／定価 1300 円（税別）
ISBN978-4-7782-0498-3

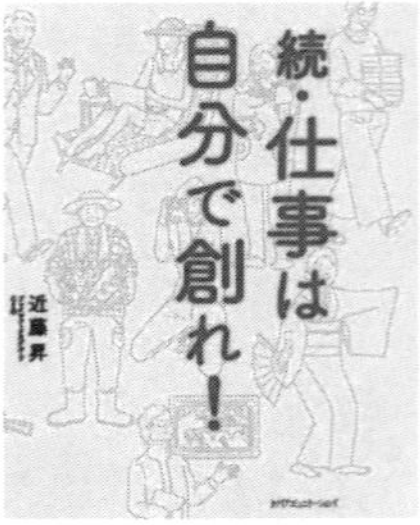

続・仕事は自分で創れ！
ブレインワークスグループ CEO 近藤 昇 著
2021 年 1 月発刊／定価 1300 円（税別）
ISBN978-4-7782-0471-6

健全経営のためのセキュリティ対策最前線！！
～ＤＸ時代に不可欠なリスクマネジメント～
株式会社 IT グローバルブレイン 著
2022 年 4 月発刊／定価 1500 円（税別）
ISBN978-4-7782-0492-1